築一條與你同行的長路

目錄

出版序 **傾聽「樹」的歌唱** 真如 004

推薦序 **遇見更美好的自己** 釋如得 007

成為你揚帆歸來的港灣 方心怡（化名） 010

我只希望，自己能一直如磐石、如港灣，永遠支持他們，讓他們疲累時，可以停下來休息，有力量再度揚帆啟航。

回家的路就是心之所向 趙雪燕 054

如果一天不處理心中的傷痛，痛苦便總會存在，只有面對，才有機會跨越。

讓愛卸下孤僻的高牆 洪顯榮 088
住在溫帶的蘋果，無法瞭解熱帶的榴槤在想什麼——
除非，蘋果能夠忘記自己是蘋果，專注聆聽榴槤的聲音。

頁頁細讀你生命的篇章 葉家綺（化名） 138
我總覺得是自己在關懷、陪伴孩子，
但孩子何嘗不是也在陪伴我學會怎麼當一個母親。

將荊棘塵封在溫柔之下 陳瑞勳 172
人生遇到的問題就像是一道道關卡，
然而最好面對的辦法，是接納與關懷。

築一條與你同行的長路 吳明纓 214
關愛對象本就不可能一下子改變，
必須盼花開、等花開，即使這個花開時節我們可能看不到。

出版序

傾聽「樹」的歌唱

真如

在靜謐的樹林中，抬頭仰望著一棵棵樹，適時正有清風徐徐拂來，似乎所有的樹葉都在沙沙振響，那一刻的心湖明靜而柔軟，好像要對藍天輕語著什麼……

陽光，正把它的熱情和光明，透過葉子灑下來，每一片葉子的形狀、葉脈、都在碧藍的陪襯下清晰呈現。我不禁常常驚歎是怎樣的神祕之手，雕刻了這精彩紛呈的美麗。每一棵樹都那般風姿獨具，幾多蓬勃，幾許可人。可是它們在大片的森林裡，有幾人能走近欣賞觀看，那每一片樹葉在風中雨中繁華與凋零，陽光月下怒吼與淺唱。看那楓樹，在北國寒意漸濃之時，正是它們盡顯生命的璀璨之際。每每值此，欲將珍貴美景寄與天下人共享。

每個人生命中，最細緻、最燦爛的那個部份，也許只有他自己，或是跟他親近的人才知道。他們，就像一棵樹，蒼勁地散發堅強的氣息。他們在受傷之後，森林悄悄收藏了他們的哀哭與無奈，他們努力地尋覓著生存的堅韌之力，經歷多少頑強的內心之戰，終於小心翼翼地把傷痕復原，從再次地枝繁葉茂到令人驚歎！他們迎接了生命的大風暴，在幾度摧殘中毅然璀璨綻放！像一棵樹般，他們謙虛地對整個森林釋放著愛與奉獻的信息，以個體生命的強悍溫熱著整體。

一棵桂花樹的淡淡清香，也許會觸碰到你靈魂深處的甜美的寧靜。

究竟，他們曾經歷怎樣的風霜雨雪？那美麗的深藏於年輪中的精彩記憶，在何樣的陽光下開始優美昇華？在怎樣的鏡湖中看清了自己的模樣？是什麼喚醒了他們心中的巨人之力，將沉睡的荒原，開放為直到天際的鬱鬱森林與燦燦樹花？

有人願傾聽這每一棵樹的哭聲與吟唱嗎？

我真摯地邀請所有的人，和我一起凝視這些精彩的心吧！這些在苦痛中掙扎著，終於開出燦爛心花的勇敢的人們，他們動人的身影，就和你我一樣，行進在這個世上。可能，讀這本書，就像人生中的一次深情回眸。注視到了那個和我一起經歷過人世的風雨、經歷過人世災難洗禮的同伴，他是如何精彩地活著，而他的精彩，到底有怎樣細緻的輪廓、顏色、形狀？這精彩是如何發生的？親愛的讀者，你不想欣賞嗎？

就像我看到的一樹美景，在很多年前，有了一種想把它獻給大家的心情。它，終於出現了。所以，為這些精彩的心隨喜，並加油吧！也為你自己的美麗、為你自己的勇悍、為你自己的不屈，為你自己的善良喝采吧！

因為我們同行！

寫在二〇一八年，亮點書系開啟時

推薦序

遇見更美好的自己

釋如得

（福智僧團副住持）

我並不愛哭，但閱讀此書卻多處讓我淚眼汪汪；我讀書不慢，但讀起它卻常慢下來等靈魂追上。

書中父子、母女、夫妻、婆媳，就是人間的縮影，與其說是因為看到他們生命轉變的感動而悲欣交集，不如說是受自己內心投影的觸動。

無論父母賺多少錢，取得多大的榮譽，都比不上教育好自己孩子的欣慰。而面對孩子的狀況陷入無助的憂鬱中，覺得自己是不適任的父母，他們選擇去學習「關愛教育」來提升自己。

在不受重視的家庭中長大，用各種方式想證明自己的能幹，想要得到認可。將生命的目標擺在追求他人的肯定，一旦察覺努力沒有被肯定，便容易憤怒。這樣的心境在自己身上多麼的熟悉啊！活在別人的眼光中，在別人的眼光裡找快樂，注定悲哀，這是人性的弱點。他們選擇去學習「關愛教育」來提升自己。

叛逆的孩子，對母親態度惡劣、出言不遜，做了不少傷害母親的事，母親選擇一次又一次地原諒，也只有母親，會願意這樣等待而無怨無悔。母親可以縱容孩子，但社會不會慣著孩子。吃了不少苦頭後，他們選擇去學習「關愛教育」來提升自己。

佛說八苦為師，因為痛苦是我們了解實相的入口。六個轉苦為樂的故事，透由學習，漸漸學會「讓內心越來越靈活，在遇到各種困境的時候，都可以很快地脫離負面思考。快不快樂的鑰匙，掌握在自己的手上。」讀起來真美！恩師說：「用智慧轉化煩惱就是生命的美麗。」誠哉！善哉！

本書採用小說體，將關愛教育的內涵隱入其中，變得易讀、易吸收，讀者細品、深思，進而在生命中運用，定能收穫滿滿。恩師說：「每個人眞的就是一本書，走進任何一個人的心，必須懷著謙卑的心，不謙虛的話就讀不懂，要非常小心、仔細地閱讀，才能夠讀懂。」閱人與閱書可讓自己體驗多種人生，變得遼闊，讓生命充滿更多可能。通過閱讀，反省自身，我們能將別人的經歷，轉化為自己的道路。

我喜歡閱讀，相信「開卷開智慧，悅讀悅幸福」。六個用關愛傳遞的故事，真心推薦您品味、遇見更美的自己！

成為你揚帆歸來的港灣

方心怡（化名）　文／蔡毓芳

我只希望，自己能一直如磐石、如港灣，永遠支持他們，讓他們疲累時，可以停下來休息，有力量再度揚帆啟航。

家人之間沒有了愛，那就只是彼此的過客，
即使血緣再親密，卻只擁有疏離。

「我回來了。」

冷漠的聲音從玄關傳來，我抬頭一看，是大女兒莉婷回來了。似乎是感受到我的視線，她微微抬起頭，視線與我交織在一起，臉上沒有笑意，也沒有任何情緒。

看著她的表情，我有些侷促不安。

「回來啦，吃晚餐了嗎？餓的話，我有炒一些米粉，可以去廚房盛來吃。」

「不用了，我不餓。」

她率先將視線移開，然後彎下腰脫下布鞋。我站了起來，抿了抿唇，腦中千頭萬緒，卻不曉得從何說起。

「那……會不會渴？外面很熱，我有煮綠豆湯喔。」

她搖了搖頭，沉默在我們之間蔓延，讓我不曉得該如何是好，只能尷尬地繼續找話題，希望能引起莉婷的共鳴。然而她的一言不發，讓我的絮絮叨叨只能虛弱地飄在空中，沒有地方可以落下。

「媽——」她喚了我一聲，打斷我的徒勞無功。「我回房間了。」

「……喔。」

我動了動唇，最終什麼也沒說出，只能無奈地看著莉婷走入房間。那扇關起的房門，就像是我跟她的關係一樣——沉重且上了鎖，阻隔了彼此，所以我碰觸不到她，她也不打算靠近我。

一年了，自從那件事發生之後，整整一年的時間，莉婷一直是這樣冷淡的態度，對我、對她的父親以及妹妹，都不再敞開心胸。她築起高牆，將自己隔絕在我們之外，彷彿不再是這個家庭的一份子；彷彿在這裡，她只是個過客，而我們都不過是她生命中無足輕重的存在。明明是最親近的家人，我們之間卻保持著疏離。

無限的酸楚從內心湧起，我卻不曉得該如何是好。

時至今日我才明白，或許自己是個不適任的母親。

以前我是不這樣想的，也許因為一直都忙，所以兩個孩子很獨立。不論課業或是生活，她們樣樣都能自給自足，套句俗話，這兩個孩子就是來報恩的。我唯一要做的，就只是在她們放學回來時，帶她們去公園走走，然後煮好三餐。

然而也正因為她們讓我太過放心，以至於在她們成長的過程中，我錯失了很多屬於她們人生的重要時刻，也錯失了很多關懷、談心的時光。有時候，比起我這個母親，旁人對兩個女兒的瞭解比我更深。

記得有一次，同事、也是莉婷的導師，跑來找我聊天，聊著聊著，話題便往莉婷身上轉。

「晴，你們家老大真的很優秀耶！」

「啊？」

我沒想到同事會無預警地稱讚起莉婷，儘管她在我任職的國小就讀，但並不在我任教的班級之中，加上為了怕莉婷覺得被干預，我很少去打聽她的事情，她回家也只是聊聊跟同學之間的瑣事，所以我還真的不明白，同事怎麼突然對莉婷有這麼高的評價。

「上次學校不是做了語文測試嗎，她的語文表現是全年級最好的……其實也不只這次，莉婷總是表現得很好。我就知道她有天賦，不然也不會每次去參加比賽都能拿獎。」

「啊……是這樣啊……」

「是啊，真羨慕妳有一個這樣聰明、乖巧的孩子。」

聽著同事的話，我有些尷尬，他口中的莉婷，聽起來就像是另一個人。她在家中總是一頭熱地做著自己喜歡的事情，而且很有主見，一點也

我的孩子像是一艘船，在人生這個浩瀚的大海中，
家是當她疲憊了、受傷了，能喘息、療傷的港灣。

看不出同事口中那個優等生的模樣。聽著聽著，我有些羞愧，莉婷在學校表現得這麼好，又是拿獎又被稱讚的，我竟常常不曉得。總覺得我這個母親，當得迷迷糊糊的。

有兩個能幹而獨立的女兒、體貼且溫和的丈夫，讓我過得很順心，卻因此不太去思索，身為一位母親，除了滿足她們的食衣住行的需求外，還需要做些什麼？應該如何去關照她們的內心？

這個疑惑，一直到莉婷上國中時才有了解答。

有一天，原先開心去上學的莉婷，回來卻嘟著嘴，眉頭緊皺，一臉不悅。她一向心大，小事很少放在心上，就算真的覺得委屈了，也會先往肚裡吞，直到受不住了才會表現出來。所以看見她的表情，我有些在意，趁著晚餐後，端著一盤水果就往她房間鑽。

「莉婷啊，吃點水果？」

「我不想吃。」

看見我走進房間，她嘴巴一癟，像是受了無盡的委屈，但又不曉得怎麼傾訴，只好緊緊地抿著嘴。

「怎麼啦？媽媽看妳這幾天回來都不吭聲，東西也不吃了，老是窩在房間裡。」

我坐到了床緣，握著她的手，輕輕地摩娑。

「媽，前幾天我不是跟妳說，老師選我當班長嗎？」

「是啊，妳不是還說，老師要妳幫忙管秩序嗎？」

當時她在飯桌旁，緊張又興奮的語調還歷歷在目，怎麼才幾天，就受了委屈？

「可是，很多人自習時間都不好好讀書，老是講話、笑鬧，管又管不動！還有男生罵我三字經！跟老師說，老師又不管，說我是班長，應該要自己努力擔起責任。」

莉婷越說越激動，眼睛瞪得大大的，眼淚卻不斷滾落，她抿起唇，試著忍住哭聲。或許是憋太久了，她最終強撐不住，大哭了起來。看著莉婷的眼淚，我既心疼又生氣，覺得老師太不近人情，還不負責任。

「要不要媽媽幫妳去跟老師溝通？」

「不要！」

若是莉婷點頭，我一定想辦法出面，把這一切擺平，可是她抽噎著搖頭，堅定地拒絕了我的建議。

「妳不要去，這樣我會更難做人！因為老師一定會遷怒我，妳不要做任何事，只要讓我回來時可以這樣發洩，罵一罵、哭一哭就好了。」

那一刻，我突然明白，莉婷心中的「家」是什麼。

她不需要我們為她衝鋒陷陣，也不需要我們替她擺平一切，任前頭是風是雨，她都想自己去闖。

我的孩子像是一艘船，在人生這個浩瀚的大海中，她顛簸地前進，而家是港灣。當她疲憊了、受傷了，能喘息、療傷的地方，可以在充分休息後繼續揚帆啟航。

這是她的人生，我們該讓她自己去闖。儘管我們不能替她擺平困難，但我們能引導她。

「那妳看他們老是在玩，妳有什麼感覺？」聽見我們的談話，丈夫走了過來，隨手拉了張椅子坐下，溫和地笑了笑。

「我很生氣啊！明明就不是我的錯，為什麼要對我發脾氣！我只是做了自己該做的事情。」

「是啊，自習時間本來就是要念書，對吧？」丈夫沒有否定莉婷，輕輕地附和著。

「妳那些同學，本來是什麼樣的一群人啊？」

「他們？他們就是都不愛讀書啊，成績很差、都倒數幾名的。」

「那如果爸爸也逼著妳去做妳最不喜歡、最不擅長的事情呢？」

本來情緒十分激昂的莉婷，聽到丈夫的問話突然安靜了下來，她眨著

孩子終究會找到處理事情的方法，我們要做的，就是傾聽，
就算她總是在抱怨也沒關係，那是我們可以陪伴、引導她的時光。

眼，偏著頭思考。

「爸爸以前成績也很差，所以每次只要待在教室就很痛苦。但我們是學生啊，哪能躲掉讀書，只能痛苦地關在教室，跟課本相看兩厭。」丈夫站了起來，伸手摸了摸莉婷的頭。

「爸爸不是要說，誰是對的，誰是錯的，只是換個角度來看，也許妳就不會這麼生氣，也不會這麼難過了。」

再來的幾天，莉婷沉默地去了學校，回來也沒有多大的情緒反應，總是緊皺著眉頭，看著天空。我明白，她正在思考。

「爸，媽，我最近很認真地觀察了我的同學，我還是認為他們在自習時間吵鬧是不對的，但我知道為什麼他們會這樣了。」

她放下飯碗，認真地看著我們，開始分享她的觀察與學習。看著莉婷自信的模樣，我欣慰地笑了。

孩子終究會找到處理事情的方法，我們要做的，就是傾聽，就算她回

來時總是在抱怨，那也沒關係，因為那是我們可以陪伴、引導她的時光。我們是港灣，是讓她停靠、休息的地方。

我以為找到了自己的定位，加上莉婷自主獨立，應該不會再有什麼要我擔心的事情，殊不知，考驗根本還沒開始。

我以為的幸福快樂就是一棟玻璃屋，隨時會破碎。

上大學後，兩個女兒不再像以前一樣事事都與我們討論，甚至說話的語氣，總在不經意中傷了我們的心。

「莉婷，為什麼我沒辦法查詢啊？怎麼按都是英文字。」

我看著螢幕愁眉苦臉，只能呼喚莉婷來幫忙，她瞥了一眼，嘆了口氣，「這不是之前就跟妳說過嘛！妳輸入法沒換，當然沒辦法打中文字。」

「啊，對耶！」在莉婷的提示下，我找到了切換輸入法的按鈕，開心地對她微笑，「我也很想記得，但沒辦法啊，媽媽對電腦真的沒轍。」

「但是我才剛剛教過妳啊！妳為什麼就記不下來？」

莉婷的語速開始變快，雙手交叉，食指不耐煩地點著，聽著她嫌棄的語氣，我突然覺得自己似乎真的老了，跟不上時代了。那瞬間，我又心驚，又難過。

「其實，我最近也覺得，女兒們常常都在嫌棄我。」

某個晚上，我與先生促膝長談，他也忍不住嘆口氣，搖了搖頭。

「妳也知道，我一向有運動的習慣，但運動會流汗、會臭啊，女兒們便常常對我大呼小叫，說我臭死了。」

他的語氣有點消沉，聽見丈夫的抱怨，我跟著不住地點頭，十分地感同身受，畢竟哪個父母被一手呵護長大的孩子嫌棄時，不會受到極大的衝擊呢？

她們不懂事的時候，是我們親手教導，當時她們會追著我們跑，一樣樣地問，但現在她們大了，我們卻老了。當我們反過來要問那些未知的領域時，卻像個被時間淘汰的老古董，被嫌到一無是處。

我在想，是不是我們的教育真的哪裡出了問題？我們自以為開放，給她們滿滿的自由，但會不會正是因為如此，而疏忽了對她們深入教育的機會？

時已至此，我也不曉得該怎麼補救。只能慶幸孩子們至少是懂事、可以溝通的。我與丈夫刻意找了一個時段與兩個女兒談心，把我們的心情跟她們說，孩子們理解了以後，也可以看出她們刻意地調整自己的言行，儘管還是偶爾會傷到我們的心，但畢竟他們也努力了。

身邊很多朋友勸我放寬心，他們說：「現在年代不一樣了，以前我們那個年代吧，哪個不是把父母當成天，現在啊，妳多說一句都是錯！」更

我以為自己是個旁觀者，包容著家人的情緒，
卻忽略內心依舊還有很多情緒、見解在擾動。

多朋友的孩子直接出國，一年也見不到幾次。相較之下，兩個女兒還願意用心與我們磨合、儘量去改變自己，已經十分難能可貴了。

我試圖說服自己，或許這樣就已經很好了，人都有脾氣，可能我就是踩到了她們的雷點，而且年輕人本就叛逆，總是特別衝，也是可以理解的，但是我心裡卻總有一股隱隱的不安。

二〇一四年三月十八日的晚上，太陽花學運爆發，社會平靜的假面被撕裂，同時也揭開了無數家庭隱藏在表象下的暗潮。

本來我不曉得莉婷去參加學運。只記得我們全家窩在客廳，切換著電視頻道，每一台都在報導這個事件，螢幕上，激動的人群互相對壘。

「唉，難道事情就不能好好說嗎？非得要這麼激進？」

「感覺這些學生一定是被網路風向或同學煽動了，才會這麼衝動。」

附和著我的話，先生也跟著搖搖頭，小女兒文安坐在沙發上欲言又止，最終還是什麼都沒說。

「怎麼這個時間了，莉婷還沒回來？」

我抬頭看了看時鐘，時針悄悄的靠近十一點，莉婷很少這個時間還沒回來，若是真的回來晚了，通常也會打個電話，怎麼今天這麼反常？

「媽，姐姐應該沒事啦……」

文安像是知道些什麼，溫和地安撫著我，然而再追問，她卻甚麼也不說，這加重了我的不安。

就在此時，咔地一聲，門開了。

莉婷表情疲憊，拖著沉沉的腳步走進家中，臉上滿是陰霾。看到我們都還待在客廳，她一愣，眼睛瞄了一眼電視，然後勉強地對我們笑了笑。

「怎麼這個時間，大家都還在這啊？」

「我們……唉，算了，這麼晚了，吃飽沒？」

本來想斥責莉婷，但看到她的表情，我不禁心頭一軟，想著偶一為之，就放過她，別再念了。她笑了笑，說自己不餓，便回房間休息。本以為是偶一為之的事件，然而莉婷卻開始夜夜接近十一點才回來，引起我與丈夫的警覺。

「莉婷，老實說，妳為什麼最近都半夜才回家？妳到底在外面做什麼？」

面對我的質問，她沉默了半晌，眼睛眨也不眨地與我跟丈夫對望，然後才像是妥協般嘆了口氣。

「你們應該知道最近學運的事情吧？我在裡面擔任智囊團，所以都要去幫忙。」

「什麼？妳有參加學運？那不是很危險嘛！」

「不會啦，我不是在立法院裡面的人，我主要是在外協助網路運作，並且寫文發稿。」

莉婷說得複雜，我一句也聽不懂，但是這幾日新聞的畫面卻一一浮現於眼前——喧鬧的人群、激動的語言、強烈的爭執，怎麼想都危險地令人害怕。但莉婷一向吃軟不吃硬，此時與她硬碰硬，絕對不是好事。

我深吸口氣，試著緩和自己的語氣：「妳去那，我跟爸爸都很擔心，不能不去嗎？」

「媽，妳可不可以別管了！」

她閉上眼，顯然不想再說，沉默了半晌，莉婷走回房間，用力關上房門。留下我與丈夫無奈對看。

她既執意如此，我們又能如何？只能每晚替她留盞燈，在客廳等著她回家。情感上無法順利傳達我們的擔心，因此丈夫試圖用理性的角度與莉婷討論關於學運訴求的相關議題。

好幾個晚上當莉婷風塵僕僕地回家後，丈夫便會抓住時機和她、文安我潛意識裡期待她「應該」要如何，這樣的想法束縛了我，也束縛了她，也正是這樣的想法導致了衝突與對立。

一起討論學運。莉婷有她的理念，認為一切都是不得已的，只有這個辦法能夠達成理想，她用自己的角度，試圖說服其他人；丈夫和文安倒是立場一致，認為做事不需要這麼極端，過猶不及，尤其身為律師的丈夫，站在法律的面向看待這件事情，試著用法律來說服莉婷；我則立場持平，對議題保持沉默，只希望這場鬧劇快點落幕。

兩方誰也不讓誰，彼此有著自己的立場，互相爭辯，最後總鬧得不歡而散，莉婷覺得父親不瞭解她，丈夫則覺得莉婷固執。我們家宛若小型的立法院，每天晚上爭端不斷。對於他們的話題我不理解，也插不上話，我覺得爭辯一點意義也沒有，不過是讓家裡更加烏煙瘴氣而已。

我十分不贊同莉婷的做法，就讀於最高學府的她，現在該做的，應該是準備考研究所。明明正值準備自己未來的黃金時期，她卻不管不顧，只一味地埋首實現她所謂的「理想」，一點也沒顧及家人。

這個家，對她來說就像是一個暫居的旅館，日日早出晚歸，回來了也只會與家人爭論不休，我真不明白，把自己的人生弄成這樣，真的會感到幸福嗎？

不斷的爭端，像是持續增加的炸藥，總讓我害怕，是不是誰再點上一把火，這個家就會被炸得四分五裂？

有一晚，莉婷跟丈夫誰也不讓，聲音越來越大，文安雖是站在中立的角度試圖勸導，但聽得出來對姊姊的不贊同。講到最後，莉婷氣急敗壞，緊緊抿著唇，呼吸急促。她瞪著眼，環視著家中，眼中含著一點淚。

「你們總是這樣，一點都不想理解我，我不想再跟你們說下去了！」

她大吼出聲，站了起來，把回家就放在一旁的背包再揹起，往門外衝，看著她的模樣，我心急如焚，跟著衝過去，拉住了背包的肩帶。

「妳到底、妳到底要做什麼！」

「我待不下去了，這個家我待不下去了！每天回來就是吵架，不管我說什麼你們都聽不進去，那乾脆別談了！」

聽見莉婷歇斯底里地吼著，我這段時間一直壓抑著的脾氣也被點燃。看著原本平靜的家因為一場學運而煩擾動盪，我何嘗不焦急難過？就是因為不想火上添油，我才一直保持沉默，但莉婷卻不明白我們的忍耐，還鬧成這樣！難道待不下去的只有她嗎？若不是她執意參加學運，我們家又何必鬧成這樣？難道我們壓力就不大嗎？看著自己的女兒在前方衝鋒陷陣，我們難道就不擔心嗎？

氣急攻心，我喘著粗氣也對她吼道：「早知道妳會變成現在這樣，我寧願妳笨一點！也不要妳讀什麼明星學校，被老師跟同學影響，變成現在這樣！」

怒氣掩蓋了我的理智，根本沒有考慮這些話有多傷人，只見莉婷回頭看著我，眼神從憤怒到不敢置信，最後沉了下來。

沉默在我們之間蔓延。

最後莉婷掙開了我的手，走回房間，輕輕關上了門。關門的聲音很輕，卻重重敲在我的心上，讓我止不住地顫抖。我意識到，莉婷關上的，不只是房間的那扇門，也是她無形的心門。

隔天，莉婷面色如常地出了門，我卻整日惴惴不安，丈夫看出了我的心神不寧，輕輕握著我的手。兩人沉默地坐在客廳，極其擔心莉婷不再返家。還好快十一點的時候，她回來了，卻十分沉默，一言不發便走回房間，不像前幾日再怎麼疲憊還是會跟我們打招呼。

她的沉默持續了好幾天，讓我更加不安，本來還試圖說服自己，母親教育孩子天經地義，但看著她的冷淡，我心痛不已，決定放下無謂的堅持，先對莉婷釋出善意。

「莉婷，有沒有吃飯？」

「吃了。」

「還會餓嗎？媽媽煮宵夜給妳吃？」

「不用。」

只有真心的接納，才有機會翻轉痛苦。

我試圖用歡快的語氣與她對談，假裝若無其事的樣子，希望前幾日的爭端可以被遺忘。然而莉婷冷淡的回應，讓我知道，一切回不去了。她不願意再坐下來與丈夫討論，也不再試圖說服我們。她依舊每天回家，卻只像是完成一件例行公事。對她而言，這個家不再引起她的憂悲苦惱，她真正地成為了一個外人。

我突然想起，她國中的時候，我還堅定地認為這個家就是孩子最堅強的港灣，是孩子永遠可以停泊的場所。怎麼才過幾年，便物是人非？她怎麼就成了一艘孤單的小船，獨自在海上漂泊呢？

後來，學運落幕了，社會的裂痕似乎也慢慢修補起來，然而低氣壓依舊籠罩著我們。

那段時間，我總試圖討好莉婷，因為我知道，若不是我說出口的話成了最後一根稻草，壓垮了她，她也不會直接拒絕和我們溝通。然而，事過境遷，我也拉不下臉來對她道歉，於是我採用了溫情攻勢，對她噓寒問暖，有問必答。

我以為自己的低姿態可以換回原先的親密，但莉婷依舊不領情，總是冷冷淡淡地回應我們，將自己關在房間，與我們隔絕。

這樣的日子，持續了將近一年。

「我們，是不是都太急了？」

丈夫看在眼裡，心痛異常，我能理解他的感受，或許丈夫比我更加難過。比起採取放任主義的我，丈夫總是小心翼翼地呵護著兩個女兒。他很用心地照顧孩子，努力地引導著她們，既會陪她們討論功課，也會常常在晚上為孩子們說故事。這麼多年的感情，竟比不上一場學運、一個衝動的行為。

「我一直在想，明明當時孩子什麼都聽不進去，我為什麼還要一直跟她講道理……就算我說的那些是好的、對的、客觀的又有什麼用呢？當時的她，就是什麼都聽不進去啊。」

聽著丈夫自責的話語，我也跟著低下頭，努力忍住眼淚。

「沒事的，沒事的，我們一定會找到辦法的。」

當時的我已經開始學佛，心境相對穩定，也比較積極樂觀。我相信天無絕人之路，儘管眼前有一道看似無解的難題，但一定有方法可以讓我們衝破絕境，重新把那個親近我們的莉婷找回來。

那一年，我們都很難熬，用了各種方式卻始終被莉婷拒於門外。直到年底，佛學班的同學突然問我：「晴，最近開了一個跟人際關係有關的課程，我好想去上，但一個人又怕太無聊，妳要不要一起來啊？」

人際關係四個字，觸動了我敏感的神經，想起莉婷冷淡的話語、決絕的背影，以及家中沉悶的氣氛，讓我越發希望改變。

「好啊！我跟你一起去。」

如果有機會能夠改變現狀，不論如何我都該去試試看。

第一堂課，主題談的是如何不與他人對立。授課的講師很溫和，說話卻很精闢，讓我沒有任何逃避的空間。

「大家拿出課本，翻到第三頁，先寫下一個與他人對立的事件，以及你的想法是什麼、你是怎麼處理的、結果如何？」

立刻闖入心裡的想法，便是莉婷差點奪門而出的夜晚，以及後來我們的疏離。本以為只是寫下想法，應該是很簡單的，殊不知我寫到第二個「心裡的想法跟感受」時，便卡住了，怎麼也下不了筆。我只知道，當時的我充斥著憤怒以及對莉婷的不諒解，覺得她不聽話、只顧著自己，一點也沒為家人著想。

「是啊，當下覺得很生氣，但是為什麼會這麼生氣呢？妳要試著寫出感受背後的見解是什麼？為什麼會有這樣的認知？」

一味堅持己見，只是將對方推離自己。

看到了我的糾結，講師笑了笑，朝我走過來，順手拉了張椅子坐到我身旁。

「我……我不曉得，我一直都很忍耐了，在他們討論的時候，也儘量讓自己當個旁觀者，不要去摻和，當個中立者……但是……」

「對啊，妳是個旁觀者，可是內心還是有很多情緒、見解在那裡擾動。」

「……對。」

講師的一句話，點醒了我，如果我真的將自己擺到了旁觀者的角度，怎麼還會有這麼多想法，甚至有這麼強烈的憤怒在心中盤旋呢？是不是，我其實也有著自己的看法與期待，所以才會這麼生氣。

如果有的話，我的期待是什麼？

我花了好幾天的時間，試著去探索內心。我總認為自己很開明，很願意放手讓孩子自己去闖，但我是真的如同自己想得這般開明嗎？我重新回想兩個孩子的成長過程。

一直以來，她們都讓我很放心，課業成績非常好，又總是能夠有條理地安排自己的生活，不用我多操心，但會不會正是因為她們的表現符合我心中的期待，所以我才認為自己是沒要求的？

當時莉婷參加學運時，我心中的確湧現了「明明可以有好的前程，為什麼要蹚這個渾水」的想法。

原來，我其實是有要求的，只是因為孩子們從來沒有「出格」過，我才覺得自己是開明的，認為自己從不曾把期待加諸在她們身上，所以當孩子出現與我要求不合的行為時，我才會反應這麼大。再加上，其實我的內心對學運非常反感，我認為莉婷個性太過直接，容易受到他人的煽動，參加學運一定也是被氛圍影響。我沒去理解，便擅自斷定她只是片段、主觀的認識，受到同儕影響，指責她還投入到只把家當成旅館的程度，一點也不在乎我們。

其實這些，原來都是我潛意識的要求，我期待她「應該」要如何，這樣的想法束縛了我，也束縛了她。直到我認清，原來是我的想法導致了衝突與對立，我才對這件事有更進一步的理解。

接著我們進入了下一堂課：接納。

一開始上這堂課的時候，我是極其不解的：有哪個父母不接納自己的孩子呢？不管她們做了什麼、多傷我的心，我不都還是將她們視為珍寶，全心接納她們嗎？

「妳覺得接納是什麼？」

面對我的質疑，講師沒有直接反駁，笑笑地反問，我卻愣住了。

「接納，不就是全心地愛著孩子，並且接受一切嗎？」

「但是妳真的有接受嗎？如果有，為什麼她參加學運妳卻不高興呢？所謂的接納，還要看對方現在處在哪裡，接受她這個人。也許她做的事情、想法，妳並不認同，但是妳願意接受可能會導致的一切後果，那才叫接納啊！」

「可是……如果一直放任的話，不是看著她在浪費時間，看著她越來越偏激嗎？」

「接納不是放任，接納是種選擇，自己先不批判，不管她表現好或壞，妳都願意真心的接納，當她感受到妳是無條件的愛她時，她才有可能把心打開，和妳建立好關係，這時候妳給他的建議，她才聽得進去呀！實際上，妳沒有辦法接受她做的事情，妳也沒有辦法放下身為父母的角色，所以妳評斷她、甚至有爭執時，妳也不願意真心地道歉，因為妳認為自己

我的孩子是一個獨立的個體，做任何事一定有自己的想法，
她經過思索、考慮後做出的行為，我為什麼不接納呢？

沒錯。」

儘管我不願意承認，但講師的確說中了。當時，我罵完莉婷，其實就後悔了，可是我卻倔強著不願意道歉，因為我放不下自己的面子，心想：「難道身為一位母親，沒有資格教導自己的孩子嗎？難道我還要把父母的面子都扯下來去跟孩子道歉嗎？」

我不願意道歉，所以只能自我安慰，催眠自己只要時間久了，就可以弭平一切的創傷，甚至合理化自己的做法，試圖用其他的事情去討好、淡化彼此之間的不自在，卻讓情況越來越差。

「妳要練習把人跟事情分開，就算她做的事情，妳不認同，可是她是妳的女兒啊，妳要不要接納？如果妳不接納，那麼妳們的關係不會改變，妳們會永遠是同住一個屋簷下的陌生人，不會再進一步了。」

「可是……可是我該怎麼做？」

「回想。妳先回想她剛出生時，妳的第一個念頭是什麼？」

這個問題，我幾乎立刻就有了答案。

莉婷是我們的第一個孩子，我跟先生極為期待她的出生，懷胎十月，雖然辛苦，內心卻只有滿滿的幸福感。我是剖腹生產的，麻醉後醒來，我問先生的第一句話，便是：「孩子四肢健全嗎？」

當時，我唯一在意的，便是孩子是否健康地活著。

「是啊，孩子剛出生時父母的願望都是這樣的對吧？但是在養育的過程中，我們都慢慢養大了胃口。最初妳只希望她健康活著，現在她不健康嗎？她不努力嗎？可是為什麼妳不願意接納，反而將自己的期待加諸在孩子身上，甚至美其名為她好。」

當下，我真的很想逃。只覺得臉部火辣辣的，像是被誰用力打了一巴掌，才恍然自己的愚昧。

一次一次的課程，與其說學習怎麼去應對孩子，不如說，我在重新覺察自己對待孩子的方式，思考自己為什麼會這樣想。

在這個過程中，我緩慢揭開自己的遮羞布——那個我一直以開明為藉口，而從未真正去理解孩子、放孩子自由的自己。我以為我做到了自己該做的，所以有衝突時，內心只覺得委屈，也低不下頭去跟孩子道歉。是我錯了。我第一次承認：會變成現在的局面，都是我的問題。

我開始放下自己的見解，找各種話題與莉婷聊天，儘管偶爾仍會受到冷待，但我卻不放棄，不再只是單方面噓寒問暖，遇到了困難就退縮，我努力傳達自己的愛，想告訴莉婷，我始終愛她，永遠是她最堅強的後盾。

或許是因為，我不再批判她，不再試圖給她各種意見，只正面地鼓勵、讚美她，時間久了，莉婷漸漸放下心防，不再時刻繃著一張臉，甚至會給我們一些回應。然而尷尬還是存在，因為當時的傷害還殘留著，只是它沉入了海底，偶爾在某個時刻，依舊提醒著我們，這個傷痛尚未痊癒。

我知道，我還是得面對的。

我很慶幸自己學了關愛教育，才有機會直面自己的真心。這個課程的起源，是一個智者對於現代教育的關心，以及對於人們在關係的互動上不得其門而入的關懷。當時她提出了十二個法則，由有心的教師們再向下延伸出一系列的課程。這位智者——真如老師，曾說過一句話：「每個人都是一本書，有不同的業力、不同的歷程，所以需要好好地閱讀。」

這句話是在解釋同理心的運用，要降低自己的高度，站在關懷對象的角度去看事情。在我放下了執著、真正瞭解自己對孩子有所要求後，我試著不帶立場，從莉婷的角度出發，去體會學運當下她是懷抱著怎樣的心情在行動。

如果我是莉婷，當時我會有什麼樣的心情？

爭執，也許會帶來裂痕，卻能打破虛幻的平靜，
也是能真正理解對方的途徑。

在學運現場，智囊團有許多需要承擔的事情，加上當時現場的氛圍十分緊張，壓力必定很大。做為一個學生，要頂住權威去反抗社會，那樣龐大的壓力，不是每個人都可以承受的。但莉婷卻堅持了下來，甚至每晚回家，還要承受父親給她的疲勞轟炸，而且在這個家，沒有人支持她，所有人都用不同的方式表達對她的不贊同，對莉婷而言，她必定感到十分孤立無援吧？

家，本該是給予溫暖、讓人放鬆的地方，但她回來，卻連一句關懷、一杯熱茶都沒有，反而受到諸多指責與排斥。

其實她大可不要回家，隨便找個地方睡，或許都可以得到更好的休息。可是她還是回來了，因為她明白，她的父母總在客廳等待著她，為她擔憂，於是無論多晚、多累，莉婷還是選擇回家。

思考到這點時，我突然很難過，對莉婷而言，在這個家，她是孤單的，沒有人包容、理解她，我甚至還直接否定她的努力，也難怪她會對我

們失望，甚至放棄與我們交流。
我想，我真的得要向她道歉，也要向她表達我的感謝。
「莉婷，妳等等有沒有空啊？妳也知道媽媽最近在上課，所以有很多作業要做，能不能請妳給我一些幫助？」
某天晚餐後，我叫住了她，微笑地詢問。莉婷愣了一下，直視我的眼睛，似乎在判斷我的意圖，沉默半晌，她才點點頭，帶我進她的房間。
「怎麼了嗎？」
她坐在床緣，明顯有些侷促不安，雙手環抱在胸前，眼睛卻看著地板。看著她有些防衛的姿態，我笑了笑，拉過電腦椅坐下。
「最近我在上的課，有個功課是要看到別人生命的亮點，並且去讚美她。那一瞬間，我立刻就想到妳。」
「我？」
「是啊，我想到學運那時候的妳。雖然……當時我們鬧得很不愉快，但是仔細想想，妳真的很勇敢。在壓力很大的情況下，還是很努力地去衝，劍及履及地付諸行動，甚至為了安爸爸媽媽的心，所以每天回家。當時是媽媽錯了，真的很對不起，不僅在那時候不曾關心妳，還傷了妳的心。」

我輕輕握住了莉婷的手，認真地盯著她的眼睛，希望把我真摯的感情傳達出去。莉婷不敢置信地看著我，眼睛快速眨了幾下，她看向天花板，似是在忍耐著不要流淚，沉默了半晌，她哽咽著開口：「媽媽，妳知道我為什麼要這麼做嗎？老實說，我成績很好，我大可大學畢業就去國外找工作，何必參加學運，讓你們覺得我留下一個污點。」

她的眼淚一顆顆地落下，讓我也跟著紅了眼眶。

「我會這麼做，是因為我愛你們，我愛我的親人，我也愛這片我生活的土地，所以如果我能夠努力讓它變得更好，我當然要去做。」

「真的很抱歉……媽媽太自以為是，沒有去理解妳的用心，還說了這麼傷害妳的話。」

我從沒想過莉婷的出發點是為了我們，當時我只覺得她固執、不聽勸，然而現在看來，其實是我的傲慢。我站在父母的角度，用我的角度在理解莉婷，所以對她有批判與怨懟。

我又想起了當時講師問我的那句話：「妳有接納妳的孩子嗎？」莉婷是一個獨立的個體，做任何事一定有自己的想法，她經過思索、考慮後做出的行為，我為什麼不接納呢？為什麼我只接納她好的一面，而我認為不好的全都不願意接納呢？

莉婷明明是一本複雜的、厚厚的百科全書，我卻將她看成一張薄紙，然後肆意地拿起紅筆，在上頭批改、注解，還覺得自己能夠分析對方的行為模式。這是何等的傲慢，何等的無知。

我終於理解何謂真實的接納，以及在莉婷看似固執的行為背後，深藏著何等的愛。

我只希望，自己能一直如磐石、如港灣，永遠支持他們，讓他們疲累時，可以停下來休息，有力量再度揚帆啟航。

當然，上課不是萬靈丹，不能解決一切的疑難雜症。但我學會在每個事件中放下執著，練習從對方的角度看待事情。這讓我不再是一貫的旁觀者，而是成為對方的心靈知己。

本來，兩個女兒上大學之後，跟隨丈夫的腳步，踏上了法律這條路。也許是專業相同，丈夫對於兩個孩子的課業十分用心，相對於接受爸爸為她安排好的道路快樂前行的文安，莉婷讓丈夫傷透腦筋。

研究所二年級時，莉婷興高采烈地去荷蘭當交換生，當時經常收到她傳過來的出遊照片，已經引起丈夫的不滿，下學期回到臺灣，她依舊不疾不徐，老是掛在網路上，讓丈夫十分擔憂。

「出國就算了，還老是在玩電腦，到底這孩子有沒有在準備論文啊？」

「我知道，你一定很擔心吧。」

「怎麼會不擔心？又要一年了耶！」

丈夫急得直打轉，一會兒搔頭髮，一下子踱步，十分心神不寧，我不希望他直接跑去質問莉婷，於是刻意緩下音調，試著安撫他。

「我知道你關心她，我會私下找機會跟莉婷聊聊。」

我知道先生是擔憂莉婷浪費時間，但我想，這是莉婷的功課，我們不可能一輩子替她承擔。而且，之前的幾次經驗，讓我知道莉婷做事都是經過思考的，如果是這樣，我們不該強加自己的想法，只能緩下自己的步調去溝通、理解。

有一天，莉婷正在客廳看電視，笑得很開心，我不動聲色地靠近她，跟她聊電視裡的明星、劇情。等到氣氛熱絡了，才緩緩地問：「不過，感覺妳興趣很多，會不會擔心論文寫不完？」

「媽，妳是不是覺得我回來好像都在浪費時間？」

「媽媽現在不會這麼想了，我只是想說妳這麼著迷會不會抽不出來啊？」

「媽，那是妳沒看到，我白天在學校可是很認真寫論文的，只是電池總會有用完的一刻，我現在就是把全部的電力都用完了，回到家當然只想放鬆啊！」

「原來是這樣，還好妳有告訴我。」

自從我不再直覺性地批判莉婷之後，她開始願意將自己的心祖露給我。看著她泰然自若的模樣，我知道，不用擔心這孩子了，於是我轉頭去安慰丈夫。我知道他著急，但這種著急，其實也源於不瞭解、不信任。很多時候，我們所看到的都只有片面而已，種種的事件讓我明白，若只用片面去論斷他人，甚至將之視為全部，實在是一件很可怕的事情。

以前的我不善於傾聽，只能聽到他人表面的語言，而不曾去思考話語背後的深意。現在的我，依舊不是那麼擅長，但我正在嘗試，藉著運用在關愛教育學到的理路，分析自己、同理他人。

丈夫跟孩子都說我變了很多，不再粗線條、常常不經意地略過了他們的用心，甚至能細膩地體會他們的感受。對我而言，這都是莉婷教會我的。曾經我覺得是因為她才會遇到痛苦與掙扎，但這些卻都在學習了關愛教育之後，成為了養分。爭執，也許會帶來裂痕，卻能打破虛幻的平靜，也是能真正理解對方的途徑。

莉婷是上天送給我最大的一個禮物。這份禮物，讓我看清了自己的執著，看到了自己從未說出口的要求，也敦促我去學習、去傾聽，真正的學

我們不該片面地斷定他人，
而是透過學習與傾聽，謙卑地讀懂他。

會如何愛我的家人。

我只希望，自己能一直如磐石、如港灣，永遠去支持他們，讓他們疲累時，可以停下來休息，有力量再度揚帆起航。

回家的路就是心之所向

趙雪燕　文／黃育上

如果一天不處理心中的傷痛，痛苦便總會存在，只有面對，才有機會跨越。

孩子的出生促使我迎向未來，
更推著我面對過去，去明白身為一位母親負荷的重擔。

晚餐過後，母親喊著要我到廚房。踩著小凳子，我緩緩洗著流理臺旁成堆的碗盤，水很冰，流理臺又太高，我踮著腳，動作越發遲緩。

「怎麼洗這麼慢？這麼簡單的事都做不好！生妳到底有什麼用？」

突然間，母親的叫罵聲響起，如雷貫耳，讓我驚恐地收了手，沒握好的餐盤隨即滑落至流理臺，哐當一聲，碎成了兩半。

母親更是氣急敗壞：「妳是故意的嗎？看我怎麼修理妳！」

我還來不及反應，一陣勁風便從我身旁掃過，隨即大腿傳來一股熱辣的腫痛感，我回頭，只見母親抓著一枝木棍，惡狠狠地對著我。我的四肢因恐懼而止不住顫抖，卻只能眼睜睜看著母親持續向我逼近。

此時，廚房內唯一的光源被母親的身軀遮擋，我抬頭看向她，偌大的影子不斷朝我延伸，剎那間我彷彿看見了長著尖角的魔鬼，我害怕地蜷縮了起來。

無力反抗的我只能緊閉雙眼，任憑木棍急速抽下，一陣陣疼痛被無限放大，我的意識逐漸抽離軀體，恐懼支配了我。

此刻，一陣細微的聲響傳入我的耳裡，我用盡全力仔細分辨，明亮的旋律越來越大、越來越大，直到瞬間的巨響喚醒了我的意識。

「鈴——」

我猛地睜開眼睛，大口喘著氣，瞪著天花板許久才意識到，剛剛的一切，都是夢。起身按掉床頭的鬧鐘，我撐起身子坐在床邊，早晨的陽光透著窗簾灑入室內，過了好一會時間我才逐漸脫離那股恐懼以及無力。

我轉身望向躺在一旁沉沉睡著的女兒。此時此刻，我們正在遠離家鄉千里之外的小島，為了女兒能順利來報到，才千算萬算，瞞著母親來到這，然而父親過世的噩耗來得令人措手不及，還來不及悲傷，便又草草地收拾行李，準備回馬來西亞。

一想到要回老家，我的胃便不自覺地翻攪，不單單是因為喪父的哀痛，更是因為要回去見母親。

此時，仍舊熟睡的女兒翻了個身，打斷了我的思緒，她的手不自覺地搭在我的手腕，我輕輕地撫摸她烏黑的頭髮，卻又不禁想起剛剛那個夢。數十年了，我依舊經常在夢中回到童年，一遍遍重溫母親對我的嚴厲訓斥，那些我不願面對的記憶碎片在夢中折射，逼著我不斷回望。

我害怕母親，然而，我也是一位母親。

女兒的出生促使我迎向生命的重要課題，向前迎向未來的同時，更推著我面對過去，去明白身為一位母親負荷的重擔。

我成長的年代社會氛圍保守，又十分重男輕女，父母自然更看重我的兄弟。尤其是母親，時常在我耳邊碎唸：「女生讀那麼多書沒有用，反正妳嫁出去就是潑出去的水，還不如學學家務，為以後做準備。」

也因此自從我懂事後，便總被母親拎著一同操辦大大小小的家務，舉凡打掃、洗衣、買菜等等，不管我是否有能力，母親全部都要我負責。

每當我端著手中碗盤，生無可戀地刷著那些頑固污漬時，心中便忿忿不平。哥哥、弟弟們總悠閒地四處晃蕩，而我，卻跟無數的家務為伍，不得解脫。

我低頭看著因浸泡在水裡而皺巴巴的手，一股不平的憤恨如烈火在心裡燃燒，心中不由得失控大叫：「為什麼？為什麼他們什麼事都不用做！為什麼都是我！」

到了假日更是忙碌，母親往往會交辦更多家務，我總是早早便被叫起來買菜，半分也偷不得懶。每每看著其他同齡的朋友在外玩樂，享受著悠閒的快樂時光，心頭就十分難受。然而，即使心裡有再多的埋怨，我也只能默默吞下，甚至不敢表現，深怕被母親察覺。

我懼怕母親，怕她的罵，更怕她的打。母親對我的管教十分嚴厲，哪

縱使我總是與母親鬥得遍體鱗傷，
但心裡始終期待母親回頭、溫柔的對我笑一笑。

怕是一丁點錯誤，都會被放大檢視，一不如她的意，各種不堪入耳的話語便會像是機關槍一樣朝我射來，動手動腳更是家常便飯。有時她怒極，便會隨手抓著身邊的鍋碗瓢盆，二話不說朝我的方向砸。

她的脾氣甚至不因節日的到來而收斂，即使該是喜氣洋洋的新年，也照樣發怒。記得那年，我們忙著打掃、祭祖、準備年夜飯等繁瑣事項，焦躁的母親在我背後不斷碎念催促。

我也不確定是自己真的運勢極差，還是繃緊的神經終於到了迎來了崩潰的一刻——總之，我失誤了。

當時，我不斷地告訴自己，絕對不能出任何一點錯，然而下一個瞬間，剛洗好、準備要祭祖用的杯子便從我的手中一滑，短促的尖叫接著衝出我的喉頭，伴隨幾聲清脆的聲響，杯子碎了一地，看著地上的碎片，我的心頭涼了半截。

「妳到底在做什麼！」

「對……對不起。」

母親吼叫出聲，怒氣沖沖地朝我衝來，而我嚇得顫抖，抖著唇向母親道歉，但她不領情，伸手用力推了我一下。

「道歉有什麼用？我跟妳說過多少次要小心、要小心，結果呢？我到底是造了什麼孽才會生出妳啊？」

「對不起，我真的不是故意的……我……」

「夠了，不要再說了！到底哪來這麼多的藉口？」

母親的怒吼聲傳遍了房屋的各個角落，而這才是新年第一天，似乎可以預料再來的幾天，我會受到多少冷待。我有些絕望，咬著牙不哭出聲。

二哥看不下去，擋到了面前。

「歲歲平安、歲歲平安，媽！大過年的，不要生氣，這樣不吉利。」

「什麼不吉利！祭拜祖先的東西都被打破了，我還管吉利？」

許是被挑戰了權威，讓母親像是被踩到尾巴的貓，越發憤怒。

「還有你，不要這樣護著你妹妹！她就是這樣被寵壞的，做什麼事都不甘不願的，你要是敢再跟我頂嘴試試看！」

「她就不是故意的呀？不然妳還想要怎麼樣？」

眼見母親的怒火莫名其妙地燒向自己，原本只是想當和事佬的二哥，也壓抑不住內心的憤怒，直接和母親槓上。

「好哇！現在是怎樣？造反了啊！」

「對！怎樣！我就是看不慣妳每次都這樣不講理，隨便就對我們亂發脾氣，就只是個杯子而已，到底有什麼大不了的？」

母親氣急敗壞，轉頭就走，那一晚的過年，算是毀了。就連年夜飯，她也因為賭氣沒有和我們一起吃，接下來的幾天，更是沒再給我們好臉色。因為一個小小的杯子，整個家鬧得天翻地覆，每次想起這段回憶，都覺得荒謬。

我不懂，對母親而言，我到底算什麼？

之後我漸漸學會反抗，叛逆的因子在壓抑數十年後覺醒。國中時，我總是找藉口晚歸，甚至不回家，流連在各個茶館以及夜店，找朋友們喝茶、談天。

我喜歡和他們膩在一起的歸屬感，那是我從未在血親身上收穫的溫暖，我更愛那種逍遙與恣意，沉溺在違逆父母的快感，那名為自由的空氣如迷幻藥，初嚐後便無法自拔。

面對我種種脫序行為，母親即使怒不可遏，卻也無能為力。有一次她氣得將我所有衣物往門外丟，並鎖上大門，不讓我回家。當我發現被鎖在門外時，一點也不慌張，只低頭收拾了散落在馬路上的繽紛衣物，便頭也不回地往朋友家走去。

反正，這樣充滿痛苦又沒有溫暖的家庭，我一刻也不想待。

直到某次父親實在看不下去，把我喚到跟前，說了一句：「女生就要有女生的樣子，妳自己覺得這樣合適嗎？下次早點回家。」

我一切的要求，都是照著自己的標準來設定，
一點也沒考慮他人是否做得到，因此把家人推得更遠。

父親的一席話讓我十分不服氣，大哥也很常往外跑，但對他的行為他們反而睜一隻眼閉一隻眼，也沒有過問，怎麼到我身上卻像是犯了什麼十惡不赦的罪過？

然而我不願反抗父親，他雖然很少對我們的事情有所置喙，但每次說的話都充滿了威嚴，令人心生敬畏，我於是點了點頭。

「嗯，知道了。」

對於父親的敬重，讓我稍微收斂了自己的行為，然而即便如此，我和我的家庭，尤其是和母親之間依舊維持著緊張的關係，互相牴觸、攻訐。

當時的我從未明白，縱使我們總是鬥得遍體鱗傷，但我的心裡始終希冀著改變，我期待母親回頭看看我、溫柔地對我笑一笑，或至少，別再對我橫眉豎眼。

國中畢業後，我開始四處尋找工作，最大的心願，依舊是想要遠離家庭、遠離母親，換了幾份工作後，我找到位於其他州的教職，最後如願地搬離居住十幾年的家。

也許是渴望逃離家中的想法作祟，抑或是純粹為了賭氣，想要兌現母親那句潑出去的水的預言，我與丈夫在認識不到一年便決定步入禮堂。

然而結婚前夕，母親卻又突然發怒，堅決要我不要結婚，甚至板著臉來參加我的婚禮，令我十分難堪，卻也正是因為她的反對，加劇了我逃離的決心。然而我認為逃離會得到快樂，卻只是踩進了另一個漩渦。

新婚期的甜蜜過後，生活中大大小小的問題便開始浮現，既要適應夫家，又要操持家務，讓我忙得焦頭爛額，尤其第一個孩子誕生後，我辭去工作專心在家相夫教子，和婆家的摩擦也越發劇烈，每天總是有許多瑣事引爆衝突。

後來，我們搬離了婆家，想像中的和諧卻沒有到來，上幼稚園的女兒開始變得十分叛逆，甚至我和丈夫之間也因為孩子的教養問題而產生裂痕，我們兩人的相處逐漸冷漠，然而我沒心力去修補與他的關係，因為女兒越來越難教了，不僅不再遵循我立下的生活規定，甚至總不耐煩地對我擺臉色，以挑釁之姿和我唱反調。

說來慚愧，曾經身為一位教師，在學校對待別人的小孩時，我可以耐心指正、引導，然而回過頭面對自己的小孩，我卻無計可施。

無數的挫敗一點點地摧毀我的信心，同時也磨光了我的耐力，不知不覺我似乎將大部分的問題歸咎於女兒，總是認為是她不夠努力、不夠上心，用各種藉口想讓反覆啃噬內心的挫折感與罪惡感得以消失。

我走上了母親的老路，總用嚴厲的態度訓斥著女兒。

「媽媽說的話要聽，知道嗎？」

我操碎了心，女兒卻始終不願改變，甚至把我的話當成耳邊風，讓我忍不住不停叨唸。即使我苦口婆心，女兒依舊沒有回應，只見她一臉不悅地站著，不發一語。

「我在問妳話！快點回答！」

我不耐煩地提高了音量，字句間難掩高漲的怒氣，我不明白以往乖巧的女兒怎麼就成了現在的模樣？女兒撇過頭，一臉不以為然，更是激起我的憤怒，正當我準備開罵之際，我瞥到到她緊握成拳頭的雙手正不受控地微微顫動。

她壓抑的模樣，讓我瞬間啞口無言，剎那間，小時候的回憶從我眼前閃過。我認得那拳頭背後所連動的情緒——那股壓抑的憤怒，以及忿忿不平的委屈。

眼前的一切，都像是小時候的我與母親。一瞬間驚覺，我正依循著當

如果一天不處理心中的傷痛，痛苦便總會存在，
只有面對，才有機會跨越。

年母親的教育方式，用粗暴的方式對待女兒，而才幼稚園的她卻已經學到了我的憤怒。

頃刻間的頓悟彷彿鑿開了一線契機，為了避免讓女兒與自己的關係步入當年與母親的處境，陷入無止盡的痛苦迴圈，我下定決心，必須改變。

「那麼，妳要不要去上心靈提升的課程？」

聽著我的決心，平素總溫柔地聽我吐苦水的摯友這麼問我。

「什麼心靈提升？」

「是我有去學佛的團體開的課程，妳不是常說想知道我怎麼這麼會教孩子嗎，其實，不是我會教，是我學到了要怎麼和他們相處。」

他笑得神秘，讓我心生好奇，正因為一路看著他的孩子與他的相處是那麼和諧，才讓我決定去看看。

沒想到一次又一次的課程，成了我人生最大的轉捩點——因為我發現，原來我以往待人處事的方式是很糟糕的。

也許是小時候壓抑得久了，於是我總用強硬的態度去要求他人，尤其對至親的丈夫、孩子，更是蠻橫。而我一切的要求，卻都是照著自己的標準，一點也沒考慮他們是否做得到，一旦超出我的預期，我便抱怨、憤怒，將兩人推得更遠。

學習的過程，我曾經聽過一句話：「走進任何一個人的心，必須懷著謙卑的心，不謙虛的話就讀不懂，要非常小心、仔細的閱讀，才能夠讀懂。」

然而我卻總是裝滿了自己的成見，自以為丈夫聽不懂、孩子不懂事，強勢地要求、與他們對立，也難怪回應我的是丈夫的冷漠以及孩子的憤怒。如果不想要循環同樣的互動、讓女兒走上和我一樣遠離家庭的道路，我必須改變。

我先從不與丈夫吵架開始，減少女兒看到我們衝突的模樣，如果憤怒極了，便在心中告訴自己：「不要對立、要謙卑。」這不代表我認同丈夫這種放任女兒的教育方針，但是當明白這也是他在表達對孩子的愛時，我的怒火便不再熾熱。

許是看著我冷靜對應的模樣多了，女兒不再模仿我憤怒的表現，反而在我們意見不同時，能練習心平氣和地講述自己的想法。

我也一點一點修補了與丈夫之間的關係，我們的相處不再總是劍拔弩張，甚至能共同討論未來。

經年累月練習下來，我以為我已經改變，有勇氣去面對一切的困境與風浪，至少能更有餘裕地面對家庭關係，然而遇到母親時，我卻馬上故態復萌。我不曉得是因為我始終記得童年的陰影，又或者是母親的權威實在太過強大，讓我始終不敢面對。

我依舊在逃避，逃避面對母親的怒火、逃避跟她述說生活的苦樂、逃避討論生活中的大小事，連送女兒出國讀書這麼一件大事，我都不願坦承。反正，日夜相處的丈夫與孩子我已經搞定，只要不接觸遠在天邊的母親，就不用擔心爭執了吧？

然而，即使千算萬算，該面對的風暴都不會因此消失，只要我一天不處理與母親之間的傷痛，痛苦總是在的。

「各位旅客您好，我們將於二十分鐘後抵達吉隆坡國際機場，請您繫好安全帶準備降落，感謝您的搭乘，祝福各位旅途愉快。」

空服員的聲音平穩而帶點磁性，緩緩地在擁擠的飛機客艙內放送，隨著離家的距離越近，我越是焦躁。

丈夫提早告訴我，母親已經知道我帶著女兒去臺灣註冊。我猜也不用猜，便知道母親必定是暴跳如雷。當初之所以瞞著她，就是不願意讓她有任何一點阻撓我的機會。我本打算先送女兒去臺灣，之後再找個時間慢慢

我想要關心母親，也希望與多年來的痛苦和解，
如果我始終逃避不了，那麼，我希望能夠直面與母親的關係。

和我母親談，然而，父親的離世打亂了所有的計畫，我勢必得提早和母親直球對決。

而再多的不安，在回到家的那刻，便被父親過世的巨大悲傷給填滿，我站在門前躊躇許久，不願相信前幾天還與我笑著談話的父親真的離開了我們。葬禮現場佈置得莊嚴，遺照中的父親如記憶中笑得燦爛，一簇簇鮮花叢環繞棺木，散發淡雅的香氣，母親直立在前方，沉默地凝視著父親的照片。

我和丈夫、女兒默默地上前，上了柱香，我忍不住的在心裡默默和父親傾訴對他的不捨與思念，好幾次眼淚差點奪眶而出，只能閉上眼平復心情。突然之間，我的左肩感受到一股暖意，回頭才發現是二哥，他輕拍著我，眼神裡也滿是哀戚。

「還好嗎？」

二哥的關懷讓我心中一酸，我強忍著淚水，輕輕點了點頭，便又往前

看去，母親肩膀顫抖著，似乎正在流淚。

我從沒看過母親示弱的模樣，一瞬間竟不知道該不該上前安慰她。躊躇之際，母親驟然回頭，然後朝著我走來，強硬地拉著我到房間中，卻一言不發，只對著我流淚。

「媽？怎麼了？」

我驚訝，卻下意識伸手擦拭母親的眼淚。她的悲傷滿溢而出，讓我也跟著哭了出來，此刻的母親不再強勢，反而柔弱地令人心疼。我啜泣著，上前擁抱住母親，希望能夠給她力量。

「妳不要難過，不要怕，我們都在。」

然而話語似乎挑動了母親敏感的神經，她突然激動地將我的手甩開，對著我哭喊：「為什麼不跟我說！這麼重要的事為什麼不跟我說！」

「媽……」

「不要跟我裝傻，為什麼什麼都瞞著我？」

「我們有我們的考量，不跟妳說，其實也是不想要讓妳擔心啊。」我壓抑住內心的翻騰，語氣仍舊平和，嘗試先穩住母親激動的情緒。

「我不准！」

母親歇斯底里，我卻沒了原先的害怕，在她激烈的言語中，我卻反而看見她的不安，母親這輩子，總是試圖掌控著什麼，越用力，卻將大家推得越遠。而唯一無條件站在她這邊的父親，卻溘然長逝。

「媽，這件事我和爸商量過，他說，他尊重我們。」

聽見我的話，母親漸漸平復下來，卻停不住眼淚。我隨即握住她的手，堅定地看著她婆娑的淚眼，直勾勾地望進她內心深處的恐懼。

「媽，沒事的，雖然爸爸已經不在了，但還有我們在啊，我們當妳的靠山，好不好？沒事了，沒事了……」

父親的葬禮過後，母親陷入了一段低潮，她似乎無法承受這樣的失去。儘管父親還在世時他們兩人始終吵吵鬧鬧，然而一個天天在身邊的人忽然說走就走，心底突然出現的空缺以及面對孤獨、甚至是死亡的恐懼，想必時時刻刻折磨著她。

母親獨自面對空無一人的房子，悲傷、焦慮、恐懼等負面情緒便如同海嘯般向她席捲，過不久母親便患上了嚴重的失眠。

長時間的精神不振，使得母親開始出現幻聽，那些似是非真、莫名出現的聲音，進一步加劇了母親的不安全感，迫使她整天都處於猜忌、疑神疑鬼的狀態中。精神緊繃與焦慮一步步將母親推向崩潰的邊緣，她的痛苦與疲倦明白地寫在她那衰老的面容。

與兄長們一番討論後，大家都覺得不能再拖下去了，決定儘速送母親就醫。

一開始，母親強烈抵抗，因為自從父親過世後，她便十分抗拒進醫院。消毒水的氣味，彷彿又將她帶回父親去世的那一天，那個她一個人在醫院陪伴父親，無人依靠的日子。經過一段時間的積極說服與安撫，母親

然而我知道，對立只會帶來災難，
尤其當母親的個性這麼的強硬時，對立只會造成更糟的狀況。

才同意在我們的陪同下就醫。

醫生說，母親是憂鬱症才導致這些症狀。

「我的建議是，儘量讓她遠離那些會想起爸爸的東西，儘量不要看到信件、相片或是爸爸的遺物等等，甚至暫時脫離曾經一起生活的空間，可能都是個不錯的選擇。」

「醫生，你是說……搬家嗎？」

「沒錯，如果方便的話。」

「我不要！那是我住了大半輩子的地方，為什麼我要離開？」一聽到醫生的建議，母親立刻拒絕，反應激烈。

「媽，妳就聽醫生的話嘛，妳可以先搬去和大哥、大嫂一起住住看，就當去散散心吧。」

「我不要！」

在一旁陪診的二哥嘗試說服母親，然而母親再次堅決地搖了搖頭，明確地表明了自己的想法。

「媽！妳不要這麼固執！」

二哥語氣明顯的出現不悅與無奈，為了避免兩人爆發的爭吵降低母親繼續接受治療的意願，我隨即開口緩頰：「二哥，沒關係啦，既然媽不想搬出去，那我們就輪流回去老家陪媽媽呀。」

我望向母親，和善地對她笑了笑。母親沒有回覆，但看得出來她的身體放鬆了下來，不再那麼戒備而充滿敵意。

「這樣也好，那我就開個安眠藥，讓媽媽比較好睡，這幾天你們就觀察一下媽媽的狀況，一週後再來回診喔。」醫生掛著同樣溫暖的笑容點了點頭，輕聲提醒我們要注意的事項。

於是，我便和大哥、二哥每個星期輪流回老家照顧母親，以往我總是盡可能不回來，然而現在，出於無可奈何、出於想要改變的決心、出於對母親的疼惜，兜兜轉轉地我又回到老家，回到與母親在同一個屋簷下朝夕相處的日子。

母親已不再是那個難以親近、甚至是令人憎恨的魔鬼，現在的她既疲憊，又脆弱，正是需要人關懷的時候。我想要關心她，也希望與多年來的痛苦和解，如果最終，我始終逃避不了，那麼，我希望能夠直面與母親的關係。

一開始並不容易，我們之間仍存在許多障礙需要克服。與母親相處的每一刻，我都感受到強烈的排斥，我沒有耐心，特別是當我面對那些母親有意無意的刻薄話語時，更是本能的想要閃躲逃避，甚至出口反擊。

然而我知道，對立只會帶來災難，尤其當母親的個性這麼強硬時，對立只會造成更糟的狀況。幸好，長年的佛法學習讓我學會調心，而師長的話更給我無限的勇氣。

老師曾經說：「一定要走出一條路，找不到，就繼續去找！繼續摸索、然後再繼續摸索，總有一天會精誠所至，金石為開。」

一條路通不了，那就再開闢第二條、第三條，也許有一天，我能真的闖過去。我開始不斷摸索各種方法，從激將法、對她道謝、避開衝突場景等等，我做了各種嘗試，才似乎稍微摸索到訣竅。

這也有賴於，平日陪伴母親時，練習與母親聊天的日常——我想瞭解，母親為什麼會有那麼強的掌控慾。

她並不是那麼喜歡講自己的過去，很多時候我們只能聊一點重點都沒有的小事，很偶爾在她心情好的時候，才會跟我聊聊關於自己的故事。

一定要走出一條路，找不到，就繼續去找！
繼續摸索、然後再繼續摸索，總有一天會精誠所至，金石為開。

她一生都過得很苦，童年貧窮，父母也重男輕女，讓母親只能堅強起來，不去依靠他人，而結婚後，她與父親搬到吉隆坡打拚，為了家計，本該成為依靠的父親經常在外奔波，而從小生活在華人社群的母親又不太會說馬來話，連買東西都是難題。

雪上加霜的是父親後來經商失敗，母親幾乎是咬著牙才經營好這個家，而這也讓她的個性越發倔強，她不敢軟弱，深怕一個鬆懈，整個家便會萬劫不復。

我才終於明白，為什麼母親凡事總得要爭到贏，為什麼總是要用這麼強硬的態度忽視我們的意見——這是她的生存之道，是她一直賴以維生的方法。

聽著她的故事、陪在她的身邊，我以為我已經放下，心心念念都是想要好好孝敬母親。日子一晃便過了一年多，母親逐漸從抑鬱中走出，然而她年近遲暮的身體在經歷這場大病後，早已大不如前，大病小病不斷。

某次母親因突發的病痛臨時需要住院，然而哥哥們不便近身照顧，而大嫂又和母親長期相處不睦，於是我義無反顧地擔起照顧母親的責任。

那段日子，只要清晨一到，我便會回到家簡單漱洗，隨即返回醫院，順便幫母親帶份早餐。

「媽，今天那麼早起啊。」我扶著母親起身，好讓她方便用早餐。

「我跟妳說，剛剛我遇到市場賣菜的阿萊姨，她很關心妳，一直問妳有沒有比較好。」

我調整著病床上小架子的高度，一邊將買好的早餐放在上面，並開始和母親閒話家常。母親沒有搭話，只是靜靜看著我，臉上掛著一抹微笑。我很少看見她這麼溫和的模樣，有些不好意思地避開了她的視線。

「怎麼啦？妳這樣一直看我，我會不好意思耶。」

「沒事啦，我只是在想，原來生女兒也是那麼好的事。」

我一愣，一時竟不知道該說什麼，這麼多年，我一直渴望母親能夠對我好點，然而當母親正面肯定我時，我卻不覺得開心。第一時間浮現在心底的，竟是嗤之以鼻。

「看吧！妳最後還不是需要我。」

我這麼想著，像是報復那些年她曾對我說的：「妳是注定潑出去的水。」

然後下一刻，我感到羞愧。我這才意識到，那埋在我心中的結是如此之深，我根本不曾放下心中的埋怨以及仇恨，只是將其壓抑在深處，遇到一點小事，我那脆弱的孝心立刻被過往的憤恨取代。

當心中的芥蒂再次被翻起，我又被充滿創傷的痛苦記憶淹沒，那糾纏了我好幾年的惡夢捲土重來。母親那拿著棍子朝我咆哮的身影，依舊清晰地在夢中折磨著我。

「那麼，妳要不要試著寫下自己的生命故事？」

在一次的課程後，我向一直陪伴我們學習的法師述說我的痛苦，我希望扭轉自己對母親的印象，卻不得其門而入。法師關懷地傾聽完後，這麼建議我：他希望我透過文字紀錄自我懂事以來的大小事，再次好好地回顧、經歷那些傷痛，唯有坦然且無懼地面對才得以獲得超脫。

「只有原諒自己，才有能力原諒別人。」

法師的話帶給了我勇氣，我開始一遍遍透由書寫總結，爬梳與母親的關係，從中尋找她的亮點。

回望的過程，非常的疼痛，就像親手清理早已化膿腐爛的傷口一般疼痛，那些我不願回想、刻意遺忘的痛苦，張牙舞爪地朝我撲來，讓我哭得不能自我。

情緒也影響了我的身體。原先我的卵巢便長了一顆瘤，而我激動的情緒似乎餵養了它，於是在寫完自傳沒多久，腹部便劇烈疼痛起來。

醫生說我必須快點動手術，將體內的腫瘤取出，否則後果不堪設想。聽醫生的說法，我以為只是簡單的小手術，便同意了。

我終於明白，為什麼母親凡事總用這麼強硬的態度去面對——
這是她的生存之道，是她一直賴以維生的方法。

從麻醉中醒來，丈夫正坐在床邊看著我。隨後我才知道我已經昏迷了一天一夜。醫生開刀過程中在我的小腸內發現血塊，懷疑是之前子宮外孕引發的後遺症，於是緊急決定切除一部分小腸並摘除半邊的卵巢。

當時我全身插滿了管子，並不能說話，卻是我第一次體會到，原來死亡離我這麼近。體力不支的我睡睡醒醒，醒來有時看見丈夫，有時則是默默對著我垂淚的母親。

母親從不輕易流淚，這輩子，我只記得看過她哭過兩次，一次是父親過世的時候，另一次，便是現在，她站在病床邊淌著淚，看見我睜眼，便轉過頭，強忍著啜泣聲。

她一向不愛來醫院，卻為了我，來了一次又一次。那瞬間，我突然釋懷了，母親是愛我的，儘管她一向不說愛，又總是嚴厲到近乎苛刻，然而她依舊是愛我的，只是她不會、也不知道怎麼表達。

我放過了自己，也放過那個緊抓著母親過錯的心。

死神面前走一遭，我突然看清了很多事情。就像我終於勘破了母親並不是不愛我們，只是愛得有些極端。很多我們不能理解的、無理取鬧的舉動，其實都隱藏著她深深的愛。

就像多年前，我不懂為什麼母親突然之間不希望我結婚，甚至一直阻止，後來母親才跟我說，她是捨不得。

「妳如果結婚了，妳就是別人家的女兒、別人家的媳婦了，所以我捨不得。」

又如同婚後我常帶著孩子回家，母親卻不樂意看到我們一樣，原因也是她吃醋，相較於總板著臉的母親，我們偏向和溫和的父親聊天，自然導致了母親心中的不平衡與嫉妒。

她從沒學會怎麼表達愛，於是只能用彆扭的方式將我們越推越遠。

我又想起了很久之前，我聽過的一段話：「走進任何一個人的心，必須懷著謙卑的心，不謙虛的話就讀不懂，要非常小心、仔細的閱讀，才能夠讀懂。」

我終於學會，謙卑地靠近母親，讀懂母親的真心。

讓愛卸下孤僻的高牆

洪顯榮　文／廖雅雯

住在溫帶的蘋果，無法瞭解熱帶的榴槤在想什麼——
除非，蘋果能夠忘記自己是蘋果，專注聆聽榴槤的聲音。

拒絕溝通，等於親手在自己和家人間挖了條鴻溝，
他們進不來，我也出不去，彷彿隔離在荒蕪的孤島。

結婚之後，我才發現原來自己並不適合組建家庭。比起與人來往，我更喜歡獨處；與其和妻子培養感情，我寧願關在房間裡聽歌；更別說帶小孩出去玩，哪有一個人慢跑來得快活。像我這樣孤僻的人，根本不適合走入婚姻。

但婚都結了、孩子也生兩個了，似乎也沒有其他選擇，畢竟，是我自己決定走上婚姻這條路，難道能因為一句不適合，就將一切視為兒戲？

我很愛太太玉仙，然而愛卻會被生活消磨。結婚前我以為愛能包容對方所有缺點，可當真正走入婚姻，個性和家庭環境不同造成的磨擦慢慢浮現，我便開始後悔。只是想和一個人好好的相處，怎麼就這麼困難？

拿飲食習慣來說，玉仙喜歡西式，我喜歡中式，光是晚餐到底要煮炒米粉還是義大利麵，我們兩個就能爭個半天。有一次玉仙下廚做了義大利麵，搭配濃湯和沙拉，還費盡心思地擺盤，只想和我共進一頓浪漫的晚餐，但我一看到就拉下了臉，很不高興地說：「這是什麼？今晚就吃這

個？」

玉仙不懂我怎麼突然就擺出一副臭臉，卻還是好聲好氣地回答我：「義大利麵啊，你不喜歡嗎？」

對此我毫不客氣：「當然不喜歡，這東西難吃死了！」

辛苦做了一頓飯，卻莫名其妙遭到我責罵，玉仙心裡自然委屈，脾氣也上來了。

「那你就不要吃！」

「不吃就不吃！」

我一點也不給玉仙面子，轉身就往外走，熟門熟路地朝巷口那家經營了好幾十年的老店走去。他們家的炒米粉醬香料多，大口嗦米粉時暢快得很，那啥義大利麵，哪有米粉香？

我就是這樣，認定的、習慣的事物，完全不能改，所以婚後因為類似的小事，和玉仙吵了無數次，擠牙膏吵、咖啡怎麼泡也吵，就連開車出門，我們都有吵不完的架。

我不打算離婚，卻也不知道怎麼才能和妻子和平共處，畢竟我們從興趣到生活習慣沒有一點共通。既然離婚不在選項之中，磨合也不可能，那麼可以走的路，似乎只有一條——成為同住一個屋簷下的室友。

妳繼續保有妳的喜好，我也不用勉強自己去配合，雙方各過各的，至少這樣就能平平靜靜地生活了。我以為互不干涉對彼此都好，卻不知拒絕溝通的態度，讓我親手在自己和家人之間挖了一條深深的鴻溝，把自己圍堵起來。他們是進不來了，我卻也出不去，彷彿隔離在荒蕪的孤島上，還自以為體貼。

說來好笑，我以為自己對家人忍耐、退讓許多，然而自始至終，都是我的家人在包容，玉仙雖然個性也強，可她總是義無反顧地試圖理解我，找我聊天。她大概也曾感到疑惑和挫敗，我是怎麼養成這固執又火爆的性子？要是外人，早就受不了我了，但她從來沒有放棄過我。

都說一個人的為人處事，和生長的家庭有莫大的關係。不少人曾問我：「你的個性這麼暴躁，是因為原生家庭影響嗎？」但這點我不同意。我就是家裡的一頭黑羊。

父親跟我完全相反，打從我懂事以來，就沒看過他生氣。不論我做錯什麼、做得再過分，他都不曾打罵我，只是穩穩地立在前方，用他的一言一行來教導我如何成為一個正直而自律的人。

也正因如此，我常常想不透，父親這樣好修養、好脾氣的一個人，怎麼會生出我這麼衝的性子，就連長年的潛移默化，也起不了半點效用。不論從天生遺傳或後天環境兩方面來看，我都是一個奇怪的特例，自顧自長成了今天的模樣。若說原生家庭真正影響了我什麼，應該就是自律的生

父親一直像是無聲的影子，
守護我，給我最大的自由，讓我能自在翱翔。

活，我在學習和運動上都極其規律，這恐怕是我唯一遺傳父親的地方。

也許是因為很年輕就培養了早起運動的習慣，我總是家裡第一個起床的人，往往運動完了，玉仙還在睡，我便會先準備早餐給孩子們吃。饅頭都蒸好了，兒子凱凱才慢吞吞地從浴室裡走出來，睡眼惺忪揉著眼睛。

我看了一眼時間，忍不住催促：「動作快點，你要遲到了。」

說著，我拿起一顆大白饅頭，掰了一半放到盤子裡，另一半則放回裝著許多饅頭的碗中，打算讓吃不多的凱凱取用。我飲食向來簡單，不喜歡那些花裡胡哨的吃食，最重要的是能夠填飽肚子，至於適不適合小孩子的口味，我是不管的。我吃什麼，孩子們就吃什麼，誰敢給我挑三揀四，就準備挨我的罵。

我一邊大口地吃著饅頭，一邊盯著遲遲未上桌的凱凱，看他依舊慢條斯理地東摸摸西摸摸，我皺起眉頭，語帶警告地喊道：「凱凱！」

這孩子一點都沒遺傳到我的效率，老是慢吞吞的，讓人看了就心急。

聽見我低沉的警告聲，凱凱小心翼翼地看了我一眼，才終於拉開椅子坐下。凱凱入了座，對著桌上的饅頭伸出了手，但沒有如我所料般拿起方才掰出來的那一半，而是拾起另一顆新的饅頭。見到此景，我二話不說便用力往他的手背打，饅頭掉回了碗裡，而凱凱僵在半空中的手背，浮出了一道紅痕。

我斥道：「你吃得了這麼多嗎？不是還有一塊小的，為什麼要拿新的饅頭？」

聽見我的斥責，他覺得委屈，抽抽噎噎地回答：「我沒有……」

「還說沒有？爸爸教你就好好聽，不要頂嘴！」

「因為、因為爸爸要吃，所以我、我才拿新的……」

「先把剩下的吃完才能拿新的，聽到沒有！」我不聽凱凱的辯解，將饅頭塞給他，不耐煩地說：「不准哭，吃一吃就去上學。」

凱凱還想說什麼，卻在我的瞪視下，將話連同饅頭一起吞了下去。

這就是我，生活處事都有自己的一套規矩，從起居、飲食，到說話、做事，只要有人不遵照我的規矩走，我便會忍不住發火。對著和我一樣固執的妻子，我假裝視而不見，但面對孩子，我那身為父親的架式可說擺得十足，畢竟，我是「父親」，而他是「兒子」，孩子聽父親的話，那不是天經地義的嗎？

玉仙曾說過我對凱凱太嚴厲，我卻不以為意，只覺得自己要求的都是生活必備的技能和道德，比起許多要求孩子課業的父母要好太多了，因此從沒想要改。玉仙則與我截然相反，不但大事要管，連瑣碎小事也不放過，勞心勞力，但總是吃力不討好。

不過對玉仙而言，最累的不是管教小孩，而是怎麼與我達成共識。生活上的摩擦，她都能忍，可是只要談到孩子，她是一步也不讓。比如凱凱的功課，她每個字都看得仔仔細細，只要有問題，便耐心地陪著凱凱重寫；我才沒那麼多心思，只要確認作業有寫，就大筆一揮，龍飛鳳舞地在聯絡簿上簽下名字。

幾次之後，玉仙終於受不了，指著凱凱的硬筆字帖問我：「你怎麼都不檢查就簽聯絡簿了？你看看他寫成這樣，你覺得沒問題嗎？」

「要不然咧？他不都寫完了。」

玉仙氣不打一處來：「不是寫完就好！他寫得這麼潦草，缺筆少畫的，老師都反映在聯絡簿上了，你也不看？」

我覺得玉仙囉嗦，也嫌她難溝通，撇了撇嘴便不再回應她。見我一副無所謂的樣子，玉仙氣餒地說：「以後凱凱的功課不用你管了。」

她的話倒是遂了我的心意。每日工作早已讓我耗盡心力，回到家後只想好好休息，真的不想再費神盯著孩子的一舉一動。只要他們對人有禮、言行端正，其他的都無所謂。我總覺得孩子只要長到一定年齡，就會自己懂事了，根本不需要盯成這樣。像我小時候成績不好，還會偷竊，父親也是不管不問，長大後這些壞習慣不也自然而然地改掉了？

我冥頑不靈的不想改變，
然而凡事以自我為中心，便很難吸收佛法的智慧。

但即使我想撒手不管，很多事卻是身不由己，尤其當孩子患有妥瑞氏症。學校的老師因此頻頻打給家長，想要清閒生活的願望，便成了無法實現的白日夢。

妥瑞氏症的孩子時常會發出沒有意義的吵鬧聲或是會不自覺地抽動，在旁人眼中看來不免怪異。凱凱的症狀略為嚴重，常常影響到課堂教學，所以他的老師常為此找家長。

一開始我們只覺得是凱凱調皮，沒想過許是有病症，只有玉仙認為凱凱並非故意干擾課堂，而是無法控制自己。她查了許多資料，還特地帶凱凱到大醫院看診，才診斷出妥瑞氏症。

玉仙說起醫生的診斷時，我愣住了：「什麼東西？你說凱凱會發出怪聲音跟甩頭，是一種病？」

「是妥瑞氏症。」玉仙糾正我，「一種遺傳性的神經疾病。」

玉仙詳細解釋妥瑞氏症的起因、症狀，我越聽越熟悉，眉頭越發緊皺。在我國小高年級至國中階段，也會毫無來由地眨動眼睛，或是左手不自禁地抽搐，很多行為和凱凱一模一樣。我沒做過任何的診斷，但聽了玉仙的解釋，大概明白，也許當年的那些行為，正是暗示了我也有妥瑞氏症，而凱凱的妥瑞氏症，遺傳自我。

但我沒有因此諒解凱凱，也不像玉仙一樣緊張兮兮地翻找許多資料。從自己的經驗看來，妥瑞氏症是可以控制的，可以有意識地變好。

所以每當凱凱老師因為他在課堂上的行為而打電話過來時，我都很不高興，總是不由分說地斥責他：「你為什麼不能克制自己？為什麼讓我成天跑學校丟臉？別的小孩都不會被叫家長，就只有你，三天兩頭就要爸爸媽媽來一趟學校！」

「我不是故意的……」

凱凱還沒說完，我就打斷他：「我不管你是不是故意的，你只要告訴我，你能不能克制自己，不要再這樣做了？」

「可是……」

「回答我！」

凱凱嘴巴開開闔闔了數回，但看著我嚴厲的表情，他最終放棄了辯解，只微弱地說：「好。」

我真的無法理解凱凱，擁有相同疾病的我當年能夠抑制自己的行為，為什麼凱凱辦不到？不，我不相信是凱凱做不到，他就是愛惹麻煩，才會頻頻生事！

凱凱從小就聰明又好動，所以很懂得測試身邊人的底線，並一再越線，試圖擴大別人對他的容忍。或許不只凱凱，所有的小孩都是這樣，有些小孩說道理就能明白，但大多數的孩子，都是到處碰撞摸索著社會的規矩，保守點的，還沒踩到線就會縮腳，越是聰明的，就越是要在線的邊緣徘徊，將界線摸索得清清楚楚。

面對這樣的孩子，我沒有二話，直接就是上手打。

玉仙會對凱凱講道理，我不會，我認為只要打到他害怕，就不會再犯了。而且到玉仙管不了、必須由我出面的地步時，通常都是比較嚴重的錯誤，我打起來更是不會手軟。

年紀小時，凱凱還會乖乖挨打，等到年紀越大，他越不服氣，挺身朝我反抗：「為什麼你都不聽我說！你每次都只用你的標準衡量對錯，卻不聽聽為什麼我這麼做！」

「因為我是爸爸，聽我的就對了。」我理直氣壯，才不管他的辯駁，「難道懲罰你還得用你的標準嗎？」

我在家橫，沒人說得過我，而到了外面，也是表裡如一的橫，比誰聲音大、髒話多、誰可以佔理說話不腰疼，這樣硬氣的應對方式，一部分是

一件理所當然到自己都不在意的小事，被家人看在眼中，
並寫進觀功念恩本，這份感動難以言喻。

因為脾氣臭，另一部分則是因為從事土木工程行業，常在工地與人往來，說話口氣不強硬一點不行。環境薰習，加上習慣成自然，讓我字裡行間常帶著一種「我是老大」的蠻橫語氣，爆粗口更是家常便飯。

我做過最橫的一件事，是服兵役時，在工地現場與他人爭執。當時我被分配到空軍官校負責營建工程，有一天同梯和我說：「顯榮，好像有人在偷接你工地上的電。」我聽了立即趕赴現場，果然看到一堆接線盒，氣頭上直接抄起一旁的磚塊，通通砸個粉碎。

同梯嚇了一大跳：「顯榮，你怎麼說砸就砸，都不先找人問問？」

我回嘴道：「有什麼好問的！不對的事就是不對，需要問什麼？」

事後工地主任跑來興師問罪，我也不論位階年齡，直接嗆回去：「就是我砸的，要不然你想怎樣？」

這件事像導火線般點燃了我的壞脾氣，童年還懂得收斂幾分的性子，自此全發作出來，說好聽點是直腸子，說難聽就是個性衝、不過腦子。但

不愛與人打交道的我，察覺不到這樣有什麼不對，只覺得曲高和寡。

不愛接觸人，火爆的性子顯然也讓外人不敢靠近。我就這樣將自己關在象牙塔裡，打著家庭和諧的名義，做一個沉默寡言的丈夫。自認為極其忍讓，實際上卻是一個膽小鬼，在自己和家人間築起一道看不見的牆，隔絕他們渴望親近的眼神。

原本以為我這輩子都會和外人保持隔閡、在與親人的疏離中度過。但是，玉仙向我踏出了第一步，一磚一瓦地把那道牆拆了。以前玉仙總拿我沒辦法，碰了幾次釘子後，便會放棄與我溝通。後來的她，儘管每當我冷漠以待，還是會不自覺露出受傷的神情，但卻懷著更加堅毅的眼神，努力不懈地與我互動。

在她與沖沖的分享中，我才知道她去學了佛。而一段時間後，她處事變得柔和，整個人也更有精神。不知道她怎麼想的，竟然邀我一起去上課。我自認與玉仙天生合不來，好不容易我們經過新婚時期的磨合，勉強維持井水不犯河水的平靜生活，真不知道她是哪根筋不對勁，又試圖跨越我畫好的界線！

我天生反骨，玉仙越是盛情，我就越不想去。她說再多學佛的好處，我一點感覺都沒有，我不相信佛法可以改變人生，佛法就只是一種學理，人生中根本用不上。何況想到如果和她一同去上課，我們就要同堂而坐，我更是受不了。

記得剛結婚時，玉仙找我去學交際舞，舞池中我三番兩次踩到玉仙的腳，她忍不住碎念：「哎呀，你怎麼這麼笨手笨腳的。」那時我就下定決心，以後玉仙喜歡的，我絕不涉獵其中。

即使我這麼堅決，玉仙依舊沒有放棄，隔三岔五就來關懷我，問我要不要去學習，實在令人防不勝防。

學佛後，出門時玉仙就不在車上聽流行音樂了，轉而聽起另一個風格的音樂。難得她播放的歌曲我也覺得不錯，就問她：「這是什麼歌？」

「這是『讚頌』。」玉仙興奮地解釋：「讚頌是法師為了幫助《廣論》弟子修行，勸請上師創作的音樂，怎樣，不錯吧？」

我哼了一聲：「歌曲就是歌曲，說什麼讚頌。」

雖然嘴上不承認，但其實我很享受這些讚頌，只是不願讓玉仙知道。玉仙在家也會聽讚頌，我卻始終逞強，裝作毫不在意，時時提醒自己，不能顯露出享受的模樣，否則便會被玉仙抓住把柄，進而破牆而入。

然而那優美的旋律，卻始終在耳畔縈繞，時而體貼關懷、時而激昂鼓舞的歌詞更是時刻於心中浮現，我終於抵擋不住誘惑，趁著玉仙外出，在陽台的一角接上音響電源，放入玉仙買的唱片，按下播放鍵，意外的，我選到一首以藏文演唱的曲目。我瞄了一眼曲名：〈密集嘛〉，然後便被樂曲深深吸引住，再也沒法分神。

早晨的陽光照進陽台，曬得發燙，我卻毫無感覺，藏文曲調如流水般平和，我蹲在音響前，不知不覺淚流滿面，樂聲直入人心深處，明明是那

觀功念恩的力量，
或許就是它讓平凡的日常變得有意義。

麼悠然祥和的調子，卻在我心裡泛起了一圈圈的漣漪。我都不知道自己在哭些什麼，只覺滿腔的情緒不得不發洩。那一刻，原本防備的心牆已經傾頹了大半，儘管我還是死要面子地拗著不鬆口，我卻知道自己對於能創作出如此觸動我的音樂的團體開始有了嚮往。

趕在玉仙返家前將一切復原，我特意照了鏡子，確認眼睛不會洩漏我哭泣的祕密。

我也不清楚玉仙有沒有發現，但她依舊常常問我：「要不要一起去上廣論課？」

看著玉仙殷切的雙眼，我又想起那天躲在陽台聆聽讚頌的體驗，原先想拒絕的話語怎麼也說不出口，最終勉為其難地回答：「好啦，我去看看。」

我就是如此彆扭，就算心裡想去，也要裝作是在委曲求全，這脾氣，大概這一輩子都沒救了吧。

不曉得是我真的冥頑不靈，抑或心裡早已認定佛法改不了人生，即使因為讚頌的薰陶，決定學習佛法，我卻還是一點變化也沒有，還是那個對佛法嗤之以鼻的我。我將佛學課程當成另一個認識新朋友、打瞌睡的地方，不但常常在班上與幹部唱反調，下課後還揪同學一起去吃滷肉飯，我猜幹部一定討厭死我了。

但我邁出的這一小步，卻被玉仙視作很大的進步，她終於和我找到了共同話題，就算我仍端著架子，也阻擋不了她的熱情，只可惜那都是對牛彈琴，我對她仍舊不理不睬，對孩子非打即罵。

隨著凱凱越長越大，就越少和我說話，可能是他說的話我從來不聽，久了，他也不想說了。我倒不以為意，畢竟凱凱不說話時還好，但若是來找我說話，就會點燃我的怒火。

我以為這樣就能跟凱凱各不相犯，偏偏天不遂人願，隨著凱凱的成長，他捅的婁子越來越多。有一次，晚上十點多，他闖進我的房間，劈頭就說：「爸，我不要念書了。」我當真整個人都傻了。

我破口大罵，臉都揪在一起：「你又在說什麼鬼話！」

「爸，我說真的，我明天起就不去了。」

我真有股想打人的衝動，但凱凱都是快成年的高中生了，再動手動腳也不好，於是我深呼吸，吞下這口鬱氣：「明天我開車送你去學校。」

「我死也不去！」

聽到凱凱這麼說，我都要氣瘋了，從床上爬起身，怒瞪著他：「你現在是怎樣！」

玉仙擔心地從身後拉了我一把，我再次按捺住怒氣：「你最好給我一個好理由。」

凱凱低著頭，好半晌才悶悶地說道：「有人……要殺我。」

「殺你？你做了什麼人家要殺你？」一所全縣第二志願的學校，裡面的學生哪個真的壞到會殺人？不過就是唬人的罷了。就為了一個意氣用事的叫囂，拒絕繼續念書？

我不由分說地下了結論：「你乖乖地去上課，沒有人會找你的麻煩。」

「爸！真的不行！」

凱凱說，他在網路上和學長起了衝突，對方放狠話要讓他隔天回不了家。凱凱緊張得要死，玉仙也很重視，就我感覺沒啥大不了，不過是小孩子胡鬧罷了，何必白擔憂。我更氣凱凱，如果沒那個膽子，為什麼要去和別人大小聲，惹得一身騷？我就想要他好好地拿一張畢業證書回來，這很難嗎？

隔天我強押著凱凱去學校，但為了以防萬一，我還是特地請教官多注

師父以《廣論》教我、渡我，我怎能虛應了事，
只顧著自我，全然不在乎身邊人的感受？

意凱凱。放學後，我平靜地詢問：「那個學長有傷害你嗎？」

凱凱只說沒有。

「你看，我說得沒錯吧！」我不屑地說，轉身就走，「就跟你說沒什麼好怕的。」

凱凱當時的表情如何，我記不得了，或許是沒仔細看吧，就像我以為這件事已經翻篇了，從來沒有想過要深入瞭解事情的始末緣由，以及凱凱的心情。

最後凱凱高中還是念不下去了，我親自去辦的休學。

他說他要去考高職，念服裝設計，我覺得他又在亂搞。我們這一代的觀念，孩子如果會念書，自然要高中、大學一路考上去，念最好的科系，若要學一技之長，念土木營建接我的事業，或是學機械都可以，他偏偏選了一所排名靠後的高職，選了一個我們非常陌生的領域。

但凱凱高職也沒有畢業，他只說他不需要這個學歷，就是不想念了。

為了給他留條後路，凱凱念的高中、高職，我都去辦了休學，而不是退學，在跑各個處室的行政流程時，教職員都會關切地問：「凱凱怎麼了？」

我感到極為丟臉，完全答不上來。

情緒累積到了極點，我氣極反笑，一回到家就把資料摔在凱凱面前：「這下你滿意了？」

凱凱低著頭，不發一語，他木訥的反應猶如在我的怒火上添油。他早已不是小學生了，身高都比我高了，做事卻還是那麼兒戲。我讀書不好都能拿到工專的學歷，他連個高職的證書都拿不到！

「你說啊！你不是很會說！說興趣是做衣服的人是你，說不念的還是你！整天就搞些花招，你這樣能有什麼出息！」

「我已經沒興趣了。」

「沒興趣？那你現在回高中去念書。」

「我不要。」凱凱嘴抿成一條線。

「為什麼不要？」

「就是不要。」

「你這是什麼態度？你以為你長這麼大了，我不敢打你是不是？」我左顧右盼，隨手拆下吸塵器的管子，作勢要往凱凱身上打，「看你聽不聽話！聽不聽話！」

我追著凱凱四處跑，凱凱不敢反抗，一味地閃躲，桌椅都給撞歪了。

「碰」的一聲，凱凱衝進他的房間反鎖房門，我慢了一步，拍打著房門，吼道：「你開門，我今天一定要打死你！開門！」

門的另一邊始終保持沉默，直到我用盡了力氣，氣喘吁吁地蹲坐在門口，心裡頭湧上一股複雜的情緒，也不知該如何傾吐。

怎麼我和兒子會變成如今這個樣子？我打不著他，也不知道該怎麼跟他溝通，從前我推拒著靠近他，現在輪到他主動關上了門。

我想到我成長過程中和父親相處的點點滴滴，父親一直像個無聲的影子，守護我，給予我最大的自由。我自認如同父親般，也給了孩子廣闊的空間，他想念什麼、想學什麼，都任由他去。我自己也是這樣走過來的，沒學壞，還成家立業，我用相同的一套方法去對待我的孩子，孩子卻停下了腳步，是我錯了嗎？

我意識到了自己和孩子的關係已在崩解的邊緣，但卻不知道該怎麼可以挽回。

玉仙想要破除我和凱凱之間的寒冰，帶著我學習觀功念恩。她的學習向來走在我前面，不像我冥頑不靈，學佛好幾年，始終沒有將佛法中的智慧聽到心裡面，還是固執地不想改變，為人處事仍然以自我為中心。

我總是先處理事情，忘記了關注別人的心情，
但事情是處理不完的，這造成了問題永遠無法解決。

玉仙不只學《廣論》，還跟著師兄師姐們學習關愛教育，我本來沒有興趣，直到有次，她在客廳使用電腦線上學習時，我聽到帶這個課程的淑娥老師說：「要找到他自己都不曾發現的亮點，稱讚他，然後他就會朝著你期待的方向前進。」

我從沒聽過人和人之間還有這樣的相處法，原來觀察和讚美可以改變一個人？這引起我對關愛教育的興趣。但玉仙問我要不要一起學時，我又拉不下臉承認我對她上課的內容感興趣，只能每次在玉仙上課時，找各種藉口去客廳遊蕩，偷偷旁聽好久。

我這個人就是這樣，明明已經受到感化，內心有所動搖，卻像在抵抗什麼似的，身體裡那根反骨就是不肯順從，甚至還會去嘲笑玉仙的努力。看到她費盡心力想與我相處、把關愛教育用在我身上，我就會故意不合作，並在心裡想：「妳找錯練習對象了，這關愛教育沒有用啦，妳看，這不是一點效果也沒有嗎？」

於是當玉仙為全家人準備了筆記本，宣布大家要一起觀功念恩——找到彼此值得讚美的優點與恩德時，我真是無法認同。觀功念恩的原則我都清楚，可是要我做，我還真做不到。對玉仙觀功念恩可以，畢竟我們是平等的，但連對孩子都要觀功念恩是怎麼回事？成何體統！

我不禁懷疑地問玉仙：「妳確定觀功念恩的對象包括小孩？」

「當然，小孩也有功德……」玉仙還沒說完，我就甩頭離開了。

在傳統觀念裡，父子、父子，先是父，才是子，孩子的生命和一切都是我給他的，怎麼能反過來讓我去感恩他？我不能接受。

玉仙為我準備的筆記本被我棄置一旁，蒙上了灰塵。我們都很有默契地不再談論，玉仙沒有催促我，只是帶著孩子們開開心心地寫下了家人的優點和功德。他們的筆記本大大方方地擺在客廳桌上，我忍不住好奇，拿起來翻看。

一翻開，我就愣住了，每個人的本子都寫滿了字，女兒寫道：「爸爸每天上班很辛苦，早出晚歸，假日還出去加班。」玉仙則說：「你是一個很有熱忱的人，你會把閒暇時間貢獻在義工服務上，從來不計較。」連凱凱也寫道：「儘管上班很累，爸爸還是會在假日帶我們出去玩。」

當一件理所當然到自己都不在意的小事，被家人看在眼裡，並且鄭重地寫下來時，那份感動是難以言喻的。我總認為作為一個大男人，上班掙錢養家是應該的，從不以為苦，也不覺得是什麼功勞，假日做義工也是，不是我樂於服務別人，我就是想盡一份心力，不值得一提。但家人們卻將這些平凡的日常記在心裡，甚至視為一件要感謝的事情。

我忽然明白了觀功念恩的力量——它將平凡的日常變得有意義。

可我仍是掙扎了好幾個月，才彆扭地在筆記本上練習觀功念恩，嘗試忽略孩子的缺點，稱讚他們的優點，動筆的時候，還要刻意躲著玉仙和孩子。在凱凱的筆記本上，我寫下：「聽你說身體不舒服，還是堅持去做義工，我真的很讚歎你的用心。」

但寫完後，我久久不能闔上筆記本，我不曉得，到底想不想讓凱凱看見這一段，架子端得時間長了，就不知道該如何放下了。

其實我也不是那麼不知變通，我認為，我只是需要時間，就像我在福智擔任義工，開始學習觀功念恩、學習關愛教育，以至到後來擔任了義工班的班長，隨著接觸的人越來越多，承擔的責任越來越大，我的進步也漸漸增加。

至少，我是這麼認為的。

沒想到和劉師兄為了關廟護生園區的工程爭執一事，卻狠狠地打了我的臉。

因為專業的緣故，每當團體中有房舍建造的需求，就會找上我，協助住在溫帶的蘋果，無法瞭解熱帶的榴槤在想什麼——
除非，蘋果能夠忘記自己是蘋果，專注聆聽榴槤的聲音。

護生園區蓋動物房舍也是如此，我來畫設計圖，委由劉師兄負責建造。我工作忙碌，不曾到工地監工，工程進行到一半時，擔任窗口的課長問我：「顯榮，你是不是還沒去現場看過？待會要不要去園區看看？要是工地沒有按照你的圖來做，我們也看不出來。」

這一提，瞬間挑起了我的敏感神經。是啊！從動工到現在，我一眼也沒看過，萬一施工廠商改了我的圖呢？

我立即協同課長和劉師兄前往工地，不看不打緊，一拿起工程圖我臉色就變了，對著劉師兄劈頭就問：「你現在是怎樣？你憑什麼改我的圖？」

我絲毫不給劉師兄解釋的空間，當場發飆，更粗暴地將工程圖甩在地上。劉師兄一旦有反駁的跡象，我便更加憤怒地破口大罵，連課長也無法插嘴，最後劉師兄閉上了嘴，沒再說話。

當我轉身離開後，遠遠聽到劉師兄平靜地說：「這樣的人，怎麼會是常師父的弟子？」

他可能沒打算說給我聽，但那句話卻清晰地傳進了我的耳中，有如一座大山，壓在我的心上，讓我的眼淚立即就落下。為了面子，我假裝沒聽到，快步離開了。

「他怎麼能說我不是師父的弟子？怎麼能？」開車回程的路上，我的淚水沒有停止過，反覆地想，為什麼他要這麼說？

學《廣論》這八年來，我雖然不甚用心，但我從來沒懷疑過我不是師父的弟子，我將師父視作父親，不管再怎麼忙，每天中午一定會去佛堂和師父法相說話，遇到困難了，看著師父慈悲莊嚴的法相，就會油然生出一股敬意，堅定地認為《廣論》裡的大智慧，能指引我找到答案。

突然被人說不是師父的弟子，我完全不能接受，但我沒有去和他辯，心裡隱隱明白，是我做錯了，我的脾氣仍像是當年當兵拿磚頭砸人設備的那個楞頭青，沒有一絲改變，這樣的我，對得起師父嗎？師父以《廣論》

教我、渡我，我卻虛應了事，只顧自我，全然不在乎身邊人的感受。

當天下午，我生平首次低頭，傳簡訊向課長和劉師兄道歉，換作以前的我，是絕對做不出來的。

師父給了我道歉的勇氣，但我沒有臉再去佛堂見師父，我令師父蒙羞了，可我搞不清楚自己錯在哪。有時候我覺得自己沒有錯，有時候我又覺得自己錯得離譜，那段時間，心裡很苦，一直在想為什麼我會這樣？

於是我拿出師父的手抄稿，一字一句，慢慢地從頭學習《廣論》、學習觀功念恩，然後，我學習了關愛教育，開始放下了那不知名的傲慢，不再一副不屑的態度，而是真真正正聚集心力，想要改變自己。

「師父希望我怎麼做？」這個想法成為我處事判斷的最大關鍵，當我躊躇不前時，我都會以師父的話勉勵自己，凡事多退一步，以自心比他心，就會抑制住許多衝動。

玉仙說，我總是先處理事情，忘記關注別人的心情，但事情是處理不完的，這造成了問題永遠無法解決。我知道要處理別人的心情，但我自己的心情又要怎麼處理？讓我主動認錯，我心裡不好過，可話不說出口，豈不是又在原地踏步？

我只有不斷地練習、不斷地練習。每當我都不相信自己能夠改變的時候，玉仙一直陪在我身邊，始終相信著我，給予我最大的支持。我和玉仙做夫妻這麼久，才終於學著要相互理解。

只是江山易改，本性難移，即使我怎麼努力調伏自己的內心，難免還是會破功，畢竟幾十年的習性，怎麼可能一夕間就能改變？

我的心之所以發生轉變，是因為擔任了義工班班長，我不但要帶頭做典範，更必須進一步關懷班上的同學。提出關愛教育的真如老師說，住在

人和人之間的關係，就是在互相傾聽、互相理解中建立好的連結，
互不相讓最後只會僵持在原地。

溫帶地區的蘋果，無法瞭解熱帶地區的榴槤在想什麼——除非，蘋果能夠忘記自己是蘋果，專注聆聽榴槤的聲音，才有可能靠近它的感受。

可是我就是那個無法忘記自己是蘋果的蘋果，學不會傾聽他人心中的聲音。打電話給缺席的學員，雖然一直提醒自己「要走進學員的心」，嘴巴笨的我還是劈頭就問：「你為什麼不來上課？」最後自然不了了之。

儘管我是那麼笨拙、儘管我可能無法立刻做得很好，但我沒有因此而放棄，每一個學員，都是我可以練習觀功念恩的對象，也是師父託付給我的功課。

當時班上有位同學，姓陳，和我一樣學理工出身，個性大大咧咧的，有時相處下來，我常因為他過於理所當然的態度而感到疲憊。但他為人熱心，所以在班上人緣不錯，大家一起去當義工時，他更是常常主動承擔大部分人比較不想做的工作。

「班長，我們一起處理垃圾吧？」陳師兄對著我笑，手上還拿著飼料

袋打算裝廢棄物，被他這麼一問，我一愣，心裡很不情願。我有點潔癖，要我去收垃圾，根本是一種心理折磨，但作為班長的責任感，讓我說不出拒絕的話，只得認命地一起整理農場的垃圾。剛下過雨，淋濕的雜草樹枝悶出一股難聞的氣味，他卻毫不在意，還提議放在後車廂載回家丟棄。

要動手打包垃圾就算了，還要共乘一路，我滿心擔憂車子會染上臭味，便不是很愉快，可回到家後，我反思自己的所作所為，感到十分慚愧，為什麼我去做義工，還想著要挑工作呢？陳師兄做得到的事，我卻做不到，我比不上師兄。

陳師兄聽到我的稱讚，很謙虛地表示沒什麼，不過是件平常的小事。但我認為，就是這麼微小平凡的日常，才更值得我們去感恩，不是非要有什麼大功勞，才值得被讚賞、感謝。對周遭環境的每一分付出，以及珍惜這樣的付出，才能推動人生朝著美好的方向前進。

或許窮盡一生，我可能都在學習如何感恩，但我已經能夠體會人和人之間的關係，就是在互相傾聽、互相理解中建立起好的連結，互不相讓最後只會僵持在原地，有時各自退一步，其實反而向對方走近。

這個時候，我不得不深思，我能夠用心瞭解他人，為什麼不願意瞭解自己的家人？在外頭我放下身段，去傾聽、理解大家的心聲，在家裡卻反而築起一道城牆，將所有人拒於門外。我想改變、我得改變，可是，我該怎麼做？

當我終於學會對別人放下身段時，孩子已經長大成人了，我不清楚他們的喜好，也不知道該怎麼和他們拉近距離，他們隨時都會展開翅膀，飛離這個家。

我無比惆悵，卻又不知所措。

偶爾假日全家一起出門露營，我也只是傻傻地呆立在一旁，不曉得怎麼把握難得和孩子相處的機會。女兒和玉仙感情向來好，兩人忙著準備餐點，說說笑笑，凱凱則接下了搭帳篷的任務，出乎我意料的是，他的動手能力很強。

「爸，你幫我拉一下這根繩子。」、「固定一下這支釘子……對，就是那樣。」我在凱凱的指揮下，這邊拉一下帳子、那邊幫忙固定位置，還沒看清呢，帳篷就已經搭好了。

我猶豫了一下，還是彆扭地讚美他：「你還挺厲害的。」

有多久，我們父子沒有同心協力做一件事了？又有多久沒有這樣心平氣和地說話了？以前天天吵，凱凱氣得不願跟我說話，我也端著一個身段不願放軟，即使後悔了，也不曉得怎麼突破僵局。然而在我還沒想清怎麼破冰時，凱凱便看到了我的無措，主動來關心我，他向我提議：「爸爸，要不要跟我一起去騎腳踏車？」

我喜歡簡單的運動，譬如跑步和游泳，但對騎單車不怎麼感興趣，只是想著能和凱凱多相處一會，也就同意了。我們租了兩台腳踏車，繞著露營園區騎了一圈，但一路上都沒有說話，我騎在凱凱的背後，看著兒子的

不管與誰相處，都要學會卸下自己的心防，去傾聽他人，
當自己願意聆聽對方了，對方也會願意退一步與你相處。

背影，想起了我的父親。

我突然覺得，凱凱就像他的祖父，脾氣溫和、沉默卻穩重，而且都很聰明。我慶幸凱凱不像我那樣火爆又不好相處，我以為自己做到了父親的責任，然而今天凱凱長這麼大、有這麼多我不曾發現的優點，都不是我的功勞。

以此為契機，我和凱凱的關係緩和了不少。關愛教育的第一課，講的是不對立，當與想關懷的對象對立了，就像是在彼此之間放了一個隔板，未來再怎麼想和對方溝通，都不可能了。

原先我與凱凱便有著嚴重的對立，我沒想靠近他，他也靠近不了我。就算後來隔閡消了，我還是不曉得怎麼邁步靠近他。還是凱凱，看到了我的侷促不安，毫不記恨地朝我走來。

我頓時十分羞愧。玉仙以前讓我寫觀功念恩筆記本時，我自負為父親，而不願意寫，現在想來，我或許不是單純不願寫，而是架子端得太

高，他人的優點便一概不見了。

後來我常常與凱凱去騎腳踏車，久了，騎出興趣來，便加入了車隊。凱凱年紀輕、體力好，加之有十足的運動神經，跟著車隊一起騎時，總一馬當先地騎在前方，看著他的背影，我為他感到自豪。

體貼的凱凱看我騎得十分起勁，就問我：「爸，你這麼喜歡騎車，要不我幫你組一台公路車吧！保證好騎！」

一開始，我有些遲疑。自組一台車，哪是這麼簡單的？更別說凱凱也不是學這個出身的，怎麼會組一台車呢？但我不想拂了凱凱的好意，於是微笑著點頭了。我想著，不管凱凱是不是成功組了一台車，最可貴的，還是他的心意。

說做就做，凱凱立刻從網路購買了許多零件，好幾千個我說不出名稱的鐵件擺滿一地，我看得眼花撩亂，懷疑地問凱凱：「你能行嗎？要不我們花錢找人來組吧？」

「不用，我自己組。」凱凱說。

他自信滿滿，拿著書與工具席地而坐，一連研究了好幾天，久到我都快忘記了有這回事，凱凱才喊我到倉庫。我一看，四處散落著各種工具，而一台鐵灰色的公路車佇立其中。

「怎麼樣？」凱凱對著我微笑，臉上帶著自豪和期待。

我震驚於凱凱的能幹，更驚訝於他的毅力。在我眼中，他還是那個因為分心干擾別人、讓我天天跑學校的小孩；然而凱凱早已不是那個調皮、愛撒嬌的凱凱了，在我沒注意到的時候，他已經悄悄長成了一個獨立自主的大男孩，甚至能夠有模有樣地組好一台公路車。

「你真的……很厲害……」我不由自主地發出了感歎，而凱凱笑著摸了摸鼻子，看似有些不好意思。

這件事一開始帶給我的影響，不過是讓我重新審視自己對凱凱的評價，以及正視自己錯過的、孩子成長的時間。直到有一次，我去凱凱房間拿工具時，才更加理解到凱凱的用心以及才智。

他的房間有兩個櫃子，裝了滿滿的工具，打開櫃子一看，我頓時呆住了，除了常見的榔頭、鉗子，還有更多我叫不出名字的工具、螺絲，滿滿當當地塞了一櫃。看著這些工具，我才意識到，凱凱組出一臺工路車，有多麼不容易，這麼多專業的工具，他竟每一樣都識得、知道用途，這麼一個聰明且溫柔的孩子，我當初怎麼會把他視為一個愛搗蛋、故意挑戰我權威的壞孩子呢？

這些困惑不斷累積著，直到一次參加法會時，一併迸發，連同許多往事，情不自禁地在腦海閃現。當時我目睹一位法師當眾背誦全文長達二十幾萬字的《廣論》，「怎麼有人能夠做到？」我驚異地想，但轉瞬就聯想到凱凱，「不，如果是我兒子，他也做得到。」

每次我和玉仙一起學佛時，有些段落聽不清，坐在旁邊的凱凱總能適時為我們複誦，甚至為我們重述我們聽過就忘的內容。明明是這樣優秀的

如果和想關懷的對象對立了，
就像是在彼此之間放了一個隔板。

孩子，我卻會因為他不做筆記，而認為他根本什麼都不懂。然而就像我面前的法師，能一字不漏地背誦經典一樣，人與人本就有差異，我怎能拿自己的習性，去評價凱凱呢？

我想起凱凱總是不做筆記的空白課本、想到他優異的成績、他每一次惹怒我的場景，以及沉默看著我的表情。

他那時候是不是有話想對我說呢？就像他小學時和我同桌用早餐，我斥責他為什麼不吃剩下的饅頭時，他也有話要說，只是我不聽。若我肯聽凱凱解釋就好了，他一定是想說：「那是爸爸的饅頭，我不能拿走。」

這件小事，凱凱恐怕都不記得了，我卻在多年以後，才耿耿於懷對他的傷害。而那些我想不起來的傷害，又有多少？

然而凱凱從不記恨我的打罵教育，甚至倒過來，用無盡的耐心等著我改變。

我年紀大了才加入車隊，頗有些力不從心，每次跟隨車隊在山路中騎行，我都遠遠地落在後頭追趕，但我又不服輸，凱凱得知了，便自告奮勇陪我去柴山練車。

柴山的路不是柏油路，而是布滿岩石和大小坑洞的崎嶇山路，很需要技巧，一個重心不穩，就摔了下來。

我試了幾次，都無法順利騎上去，氣喘吁吁地說：「凱凱，算了吧！今天我稍微有點進步，這樣就可以了。」

凱凱沒有直接回答我，反而騎回來停在我身邊，示意我下車，將車牽到路旁，我疑惑道：「怎麼了？不騎了嗎？」

他席地而坐，指著方才我摔下來的陡坡說：「在騎車前，我們先停下來看一看，觀察哪條路徑最平緩。」

凱凱說，觀察是一個很重要的技巧，騎單車不是靠蠻力，必須要依靠頭腦判斷，往哪個方向最好騎。

不知怎地，在凱凱的解釋中，我竟聯想到關愛教育——要走進一個人的心，必須先觀察，找到正確的方向，一味橫衝直撞，只會遍體鱗傷。而我又何嘗不是在遍體鱗傷後，才明白自己一直以來都是用錯誤的方式在與他人、與自己相處。

這一天，凱凱一直陪在我身邊對我說：「爸，沒關係，慢慢來。」凱凱會走路的那天，我帶玉仙和年幼的凱凱出門遊玩，在一個景區的隧道口，我和玉仙也是這麼對凱凱說：「凱凱，慢慢來。」

而現在，我們父子關係彷彿顛倒過來，我成了那個蹣跚學步的孩子，凱凱才是那個引導的父親。

我目光含淚，趁著凱凱不注意時拭了去。

這麼多年來，我很想和凱凱說聲對不起，卻不知怎地開不了口。大概是我已經瞭解到，無論現在的我如何彌補，錯過的時光也無法挽回，縱然我學會了聆聽和理解，也不能回到過去改變那個剛愎自用的自己，多陪陪年幼的他，請他給爸爸一個表現的機會。

我們的關係並非寫錯後可以擦掉重來的文本，而是一道一道的年輪，傷痕可能永遠都在，但我相信，我的變化凱凱是看得到的，我們會變得體貼，變成更好的人。

那天，凱凱鼓勵著我一步一步的往上攀升，我喘著氣、看著遠方，想著——希望未來，我也能陪著凱凱，一步步地慢慢攀升。

要走進一個人的心，必須先觀察，
找到正確的方向，才有機會靠近他。

「老公，吃飯了！」

玉仙炒好了菜，對著我呼喊，而孩子們則自動自發地擺好了碗筷。遠遠地我便聞到了香氣，湊近一看，除了一盤筍乾、冬瓜湯之外，中間還擺了一盤炒米粉。

這已經不是她第一次炒米粉了，知道我喜歡吃中式料理，所以玉仙會不定時做炒飯、炒麵等的料理，而炒米粉已經成為她的拿手好菜。從一開始又乾又鹹，到現在料香而不過焦、味濃而不過鹹，乾濕恰當，每一口都是一種享受。

「好好吃啊！尤其是香菇，吃起來好像比外面多了一點香氣！」

聽見我的稱讚，玉仙愣了一下，似乎極為不習慣，但依舊輕聲地為我解釋：「應該是因為我爆香過了吧。」

「或許也說不定是香菇在曬乾的時候，就把陽光的味道鎖在裡面了。然後妳在爆香的過程中，其中的味道釋放出來！玉仙，妳真是太厲害了。」

我毫不保留地把我的體會說出來，孩子們則在一旁笑著應和，玉仙有些不知所措地看著我們，然後嘆了一口氣。

「你真的……跟以前不一樣了。」

我懂她在說什麼，以前的我自以為是，煮的菜不合心意就生氣，就算玉仙煮了我喜歡吃的料理，我也不見得會願意開口給與讚賞，哪像現在，吃頓飯扯出一堆心得，還極其感恩地不斷道謝。

學了佛法、關愛教育的這些年，最大的體會就是不管與誰相處，都要學會卸下自己的心防，去傾聽他人，當自己願意聆聽對方了，對方也會願意退一步與你相處。我走出了孤僻封閉的自我，儘管不免仍會遇到摩擦，但還是堅定地走向那充滿溫情的世界。
我對玉仙露出最燦爛的笑容：「是啊。」

頁頁細讀你生命的篇章

葉家綺（化名）

文／洪駿錫

我總覺得是自己在關懷、陪伴孩子，
但孩子何嘗不是也在陪伴我學會怎麼當一個母親。

當我把生命目標擺在追求他人的肯定時，就異常在乎他人的觀感，一旦努力沒有被肯定，便容易憤怒。

「阿鳳——吃飯囉！」

奶奶口氣輕鬆愉快地喊小姑姑下樓吃飯，聽著她愉快的語氣，我心想：「小姑姑一定是領薪水了，不然奶奶的口氣怎麼會這麼好？」

趁著奶奶的心情不錯，我趕緊跑到她身邊，小心地試探著：「奶奶……學校要舉辦遠足活動，我今年可以參加嗎？」

奶奶瞪了我一眼：「一個女孩子還想要四處跑來跑去！不行！」

「吼！又不讓我去！去年妳也這樣……」

我忿忿不平，奶奶卻充耳不聞，小姑姑恰巧從樓上走下來，皺著眉替我說道：「媽，妳就是這麼重男輕女，只要是女孩子，就什麼錢都捨不得花！家綺，別擔心，姑姑替妳繳錢，今年一定讓妳參加……」

我就是在這麼一個重男輕女，祖母掌權的家庭中長大的。許是社會氛圍的影響，那個時代的人幾乎都很重男輕女，奶奶從幼時便接受這種氛圍的薰陶，一生在家庭奉獻、成為家中男性最堅強的後盾，也無怪乎她有了孩子、孫子以後，也會下意識地更重視男生。

家境小康時，或許這樣的差別待遇還不明顯，只是隱隱約約地、讓人心裡有點不痛快，比如一顆蘋果，我永遠沒機會完整地吃一顆；又比如摺衣服時，女生的衣服都要放在男生衣服的下面。國中時，我們家道中落，經濟狀況產生了極大的變化，每個人在家裡都成了一把秤，金錢就是砝碼，不是男生，也沒有籌碼的我，在家中的地位不斷、不斷地下降。

我不服輸，試著從各方面證明自己。一開始，我想在學校表現出色，博得掌聲，但即使我獲得了好成績，奶奶卻一點也沒有開心的樣子，反而可惜地說了句鄉間俗話：「真的是豬不肥都肥到狗。」

奶奶話中的不滿我聽得一清二楚，也激起了我的憤恨，我不明白奶奶為什麼總用這麼難聽的話語來對待我的成功，明明我的努力，沒有一個兄弟們比的上，卻不曾被她認可。

奶奶總像是叮嚀一般，不斷地在我耳邊叨唸：「女孩子書不必讀那麼高，早晚也是要嫁出去的，也就妳爸寵妳，才讓妳這樣一直浪費錢。」

「明明我的成績比較好，為什麼總這樣說我！」

「女生怎麼跟男生比？就會頂嘴。妳以後不嫁人嗎？嫁出去就是別人家的，這不是浪費錢是什麼？別再頂嘴，不然我就打妳！」

即便我展現了優於其他兄弟的能力，依舊被奶奶當作是外人，是那個之後會成為別人家媳婦的外人。或許，在奶奶眼中，我就是浪費家中資源的女兒賊。

越是如此，我越是不甘心，用各種方式想證明自己的能幹，想要得到認可。我努力考上第一志願，證明我在讀書方面並沒有輸給男生；我半工半讀，在求學時期就開始拿錢回家。我想跟奶奶證明，我才是那個可以幫得上忙，應該被重視的人。

不知從什麼時候開始，我將生命的目標擺在追求他人的肯定。我異常在乎他人的觀感，把別人對自己的期待擺在第一位，一旦努力沒有被肯定，便憤怒不已。長期下來，我開始怨天尤人——我責怪命運、責怪我的成長背景，不理解為什麼自己的努力為什麼總看不到任何的結果。

求學時代，我便開始努力掙錢，期盼奶奶看到我的價值；開始了社會生活以後，我則努力達成老闆的期望，讓自己能在職場上出人頭地。咬著牙奮鬥的結果，是我達成了這些期盼，卻帶來更多的副作用。

我成了家中的頂樑柱，但食指不沾陽春水，在家務上一竅不通；我是老闆眼中的紅人，卻是同事不敢合作的對象，因為害怕隨時會被我踩在頭上。我引以為傲，只覺得自己能力出眾，卻沒想到，這個凡事只以自我為中心的行事風格，卻是我下半輩子痛苦異常的起因。

痛苦的萌芽，是在我自得意滿地踏入婚姻之後。丈夫十分愛我，也很

凡事以自我為中心的行事風格，成了我下半輩子痛苦的主因，
因為我不曾看到他人、理解他人，別人也不願靠近我。

尊重我，我恣意地暢想婚後的幸福生活，卻沒考慮到夫家是一個極為傳統的家庭——這個家不需要我像以前一樣成為頂樑柱，只需要我把家務打理好，但這正是我所不會、也沒學過的。

本質上，我與夫家格格不入，嫁進去又怎麼會幸福？

不出所料，婆婆並不喜歡我。她覺得為人媳婦就該全心照顧家裡，比起在外面拋頭露面，不如把家庭放在第一位。傳統的她認為，煮飯洗衣才是女人的主要工作。

儘管洗衣、煮飯、打掃我樣樣不精通，但我有一個會變通的心，總有自己一套邏輯來應變。婆婆要我煮早餐，我就出去買現成的；規定我應該要洗衣服，我就在自己有空的時間把衣物通通塞進洗衣機。面對婆婆，我心中充滿了不服氣，在我看來，她都是用自己的標準在要求我，卻都不看我擅長什麼。

當時的我總覺得，她是利用這些細微末節的小事來為難我，對我抱有

偏見，卻從未考慮到，或許對她而言，生活中最重要的就是這些我不屑一顧的小事。

我們之間的差異，在於撐起一個家的方式——她凡事親力親為，我則只想提供框架，任大家自由生長。

與她同住的那一年，打小就不服輸的個性讓我不斷追求婆婆的認可，卻始終找不到確切的方向。我就像拿著許多鑰匙要開門的旅人，不論怎麼嘗試，婆婆卻始終沒有回應，即使我敲門、硬闖，那緊緊闔著的心門依舊將我拒於門外。

職場上的得意，更加突顯我在家庭的失敗。

有天下班後，我拖著疲憊的身軀，快速地趕回家，因為公司與住處相差甚遠，所以儘管我都沒有耽擱便飛奔回家，還是來不及準備晚餐。

當時婆婆早就在廚房裡忙碌，我想起婆婆每每看著我沒做家務時、那冷冰冰的眼神，便心頭一驚，連忙放下隨身的包包便往廚房跑。

「媽，抱歉，我回來晚了，有沒有什麼我可以幫忙的？」

婆婆沒有回應我，反而像是嫌我礙事一般，用身軀擠開我，去拿另一頭的鍋子。我覺得委屈，卻不敢抱怨，連忙又問：「媽，妳需要我幫忙洗菜嗎？或者有什麼要切的……」

許是聽了覺得煩，婆婆冷冰冰地看我一眼，一句話也不回我。

她冰冷的態度讓我不知所措，而站在廚房又怕礙到婆婆，我只好轉身離開，卻不敢坐著休息，於是拿著拖把便開始拖地。想著，儘管我沒煮飯，至少還是在做家務。這樣應該可以了吧？

但沒過多久，公公卻來指責我。

「妳看到婆婆在廚房煮飯，都不用去幫忙嗎？就這樣放她一個人在那裡忙，妳心裡過意得去嗎？」

這些指責就像壓垮駱駝的最後一根稻草，長時間壓抑的委屈就這麼爆發，我忍不住對公公大吼：「我不是刻意的啊！是她不理我啊！不就是因為看婆婆在忙，所以我也不敢坐下，趕快拖地板嗎？」

面對我的爆發，公公顯然十分不知所措，他一向不管家裡事，對我也沒有什麼要求，這次或許只是心疼婆婆，才出來說句公道話，卻被我這樣大吼。他最終沒再說些什麼，只是皺著眉走開了。

而這樣的衝突在我的婚姻生活中屢見不鮮，我自認把脾氣收斂得很好，婆婆卻始終不滿意，而先生不明白我的痛苦，只會勸我：「媽媽講話妳就認真聽，真的聽不進去，那就儘量練習左耳進、右耳出，不要去反抗她。」

那陣子，娘家也發生了很多事情，父母離婚、父親欠債，蠟燭兩頭燒，使我越發無力。面對總是不斷抱怨的我，丈夫選擇逃避，交友廣闊的他飯局不斷，不知道是真的忙，抑或只是不想與我相處。

我終於知道，過去我的想法有多麼天真。以前我深信可以跨越所有的困難，但我逐漸理解到現實不是如此，有些人、有些事，並沒有辦法隨我

我覺得婆婆是利用小事來為難我，對我抱有偏見，
然而對她而言，生活中最重要的就是這些我不屑一顧的小事。

的心意去改變。

「不然，我們離婚吧……」

因為疲累，我無數次向丈夫提出離婚，他從沒有正面回應我，卻放任我們的關係越來越疏遠，我受不了，與他爭執吵鬧，直到丈夫筋疲力竭。就在此時，我們的第一個孩子出生了。

孩子的出生，加上婆婆受不了與我相處，與公公搬回了老家，這兩件事讓我們的婚姻暫時維持了下來。然而我已經不曉得怎麼面對這個家，所以上班以外的時間，常常帶著孩子躲到從小就很照顧我的姑姑那邊。那段時間，我躲著丈夫，丈夫躲著我，雙方利用距離來削減心中的壓力以及對彼此的不諒解。

我以為生活最苦，也不過就是如此，但第二個孩子——維安的出生，卻像是宣告：之前我認為的苦，不過只是前奏。

當時我還在上班，沒有太多的時間可以親自照顧剛出生的維安，於是

託給育兒經驗豐富的姑姑幫忙照顧。某天，我拖著疲憊的身軀去接維安，然而看著我的姑姑沒有露出往常溫暖的微笑，反而看上去憂心忡忡。

「……怎麼了？」姑姑反常的樣子讓我也跟著不安了起來。

「家綺，我覺得維安抱起來感覺骨頭特別軟。」

「會嗎？孩子年紀小，不是都這樣嗎？」

我著急地反駁，然而姑姑對著我搖搖頭，她伸出手握住了我的手，用力地握了握，像是要穩定我的心神。

「沒有，她是真的不一樣，我觀察好幾天，五、六個月的孩子了，骨頭不應該還這麼軟，感覺沒什麼支撐力。」

「但是……但是，生她前我還特別調養了身體……」

「家綺，妳先不要擔心，找時間帶孩子去給醫生看看，有問題早點查出來也好，沒問題至少能心安。」

我不願意相信，卻還是不安地帶著維安去做診斷，經過長時間的聯合評估，在維安七個月大的時候，被確診為發展遲緩。我還記得維安確診那日，正好是我的生日，她出生後給我的第一個生日禮物，便是告訴我，她是一位遲緩兒。

那一刻，眼淚在我的眼眶打轉，我覺得自己的生命，完全失控了。

為了她，我放棄了一直不願放手的工作。如果依舊是忙碌中才看護著她，那維安一定不會好轉的，為了她，我必須成為一位全職的照顧者。我辭掉了工作，轉而把一切心力放在維安身上。

我不是沒有怨懟，尤其當丈夫因為接受不了維安是遲緩兒，選擇逃避的樣子烙印在眼裡，更是讓我十分痛苦；而工作是我少數備受肯定的領域，卻為了照護孩子，必須失去舞台、失去展翅翱翔的機會。我怪罪命運，卻依舊堅持人定勝天的想法，我相信有一天，在我的照護下維安會恢復「正常」；我也相信，到那一天，我就能克服這些痛苦了。

為了治療維安，我帶著她跑遍了各地醫院，無論西醫、中醫，甚至是民俗療法，我都不斷嘗試，只希望這樣的積極治療能讓她好起來，然而每一趟的治療都帶著希望前去，再帶著疲憊回家，復健是條漫漫長路，我看不到終點，只能咬牙苦撐。

儘管如此，維安狀況還是沒有好轉，甚至越發難照顧。記得有段時間，維安常常因為不明原因而嘔吐，醫生也檢查不出原因，不管我多麼細心，她都可能在下一秒突然吐出來。

沒有規律、沒有原因的病症，讓我心力交瘁，而壓力更大的，是家人對我的質疑。在他們看來，我都全職照顧孩子了，怎麼還沒照顧好她，反而讓維安的狀況越來越糟？

「妳到底給維安吃了什麼？怎麼沒事會一直吐？」

我不曾理解婆婆，卻拿著鑰匙想要硬闖她的心門，
才使得我們之間的隔閡越發增長。

有一次公公來探視維安，正好碰上她又開始嘔吐，這不是他第一次目睹維安這個樣子，疼愛孫子的他終於忍不住對我怒目而視，而我驚慌失措，急忙道：「我不知道，我給她吃的都是一般的食品，我也不知道為什麼她一直吐啊……」

「醫生怎麼說？」

「我有問過醫生了……但醫生還沒查出原因……」

聽見我的回答，公公更加生氣，聲音比之前大了不少。

「哪有什麼查不出來的！這家看不好，不會換家醫院看嗎？做人家媽媽的，不要這麼消極！」

公公的話令我啞口無言，這段時間，我幾乎把各大醫院都跑遍，卻沒有一個醫生能給我解答，甚至有醫生要我把追查病因的責任交給他們，我只要負責照顧孩子就好。

儘管我已經努力到這地步了，卻還是被指責、被認為照顧不好孩子。

我真的不曉得該如何是好，似乎從某一刻開始，我被孤立在這個世界，大家都指責我，說我不對，卻沒人願意對我伸出援手，而我又個性要強，不願意將脆弱處攤開，只任由痛苦積累，幾乎壓垮了我。

在心靈極度脆弱的那時，我求助了一位命理老師。抱持著死馬當活馬醫的心情，想在這片苦海中找到一個能夠攀附的浮木。

也許是因為命理老師是陌生人，又或許，實在是忍得太久，在那次與命理老師的會面中，我將所有的痛苦傾瀉而出。我抱怨丈夫、公婆，甚至怨懟我的孩子，哭訴命運為何如此不公，為什麼一個從小到大都用力過日子的人，最後會得到這樣的結果？

與其說我是來占卜我的命運，不如說我是來傾吐的，我質問命運，卻沒有想得到解答，因為我清楚，不論我怎麼向天呼喊，最終能夠跨越的，還是只有自己。

「妳生命中有太多到現在都過不去的事情，妳要學著去放下，不是將這些坎放在心裡就沒事了，只要妳還沒跨越，那妳就會不斷地被影響。」看到我哭成這樣，命理老師輕輕嘆了口氣，溫聲安慰我。

「可是我不知道該怎麼做啊……我又何嘗不想改變……」

「那麼，妳要不要去學佛？去學習怎麼轉心，學習改變自己一直以來轉不過去的念頭。」

我不明白話題是怎麼轉到這裡的，但我已別無他法，於是抱持著試試看的念頭，報名了佛學課程，然後一頭栽了進去。

老實說，我並沒有因為學佛了，就立刻改變我的生命。凡事過猶不及，然而我卻每件事情都太過拚命，太過極端，於是只是從一個苦海，跳到了另一個苦海。沒學習前我關注自己的苦，於是無限放大自己的痛；學了佛，我又太專注自身，忘了家人，反而引起他們極大的反彈。

我開始大量參與法會、立刻決定吃素，甚至不管丈夫，總煮了一整桌的素菜要他和我一起吃，一點都不顧及旁人是否飲食習慣和我一樣。他們覺得我走火入魔，彼此關係因此更加疏離。

婆婆或許極度怨我，於是積極與我唱反調，年節去見他們時，她會刻意只煮葷食，不管我沒有東西可以吃；丈夫則更少回家，只因回到家，我總一副想要修行出離，不願與之為伍的模樣。

我依舊故我，以自己的見解理解學習到的教義，然後不斷地增添自己的痛苦。

比如我自認為跟公婆之間的隔閡，是因為自己心中有藩籬，因而想要挑戰、翻轉，於是又把公婆接過來跟我們住，根源沒解決，所以不對盤的互動依舊存在，並不斷在生活中的大小事爆發。我以為將婆婆接過來照顧便是在盡孝，實際上卻只是給她帶來更多傷痕。

所以住了兩年，婆婆又搬出去了。

「她說，她再跟妳住下去她沒有尊嚴，所以她要搬出去。」

公公的話讓我如遭雷擊。原來學了這麼久，我始終沒有改變，始終還

我的生命中有太多到現在都過不去的事情，
如果沒有學著去放下，那麼這些坎永遠都會存在。

是那個讓人煩惱，也沒逃離痛苦的我。

「要不，妳跟我們一起來學關愛教育吧？」一起學佛的友人聽見我的煩惱，笑著邀請了我。

「關愛教育……？」

「是一種教妳怎麼與他人互動的一種方式，我覺得妳很多的痛苦，都來自於不知道怎麼跟人建立良好的關係，不如去試試看？」朋友的話觸動了我，於是我報了名、開始學習關愛教育。

然後我第一次知道，原來我一直以為的改變，都是自以為是。

我曾以為是這世界對不起我、是婆婆總刁難我、是維安沒有努力好起來、是丈夫不曾關心我，然而關愛教育的講師說，我的痛苦，來自於許多的對立。

「妳在跟人有不同想法時，想做的只是要他接納妳，因為妳覺得自己是對的，對不對？」

講師溫暖的微笑卻讓我覺得羞赧，我點了點頭，卻不敢直視她。然而婚後不斷爭執的畫面不斷地回到我的腦海，逼得我不斷想起那些自己試圖以理服人的畫面。就算我說的是對的，這種咄咄逼人的態度，又有誰會接受呢？

「家綺，妳還記得老師曾經把人比喻成什麼嗎？」

我毫不猶豫脫口而出：「老師說，每個人都是一本厚厚的書。」

「是啊，一本厚厚的書，又怎是我們能輕易瞭解的。家綺，妳真的瞭解婆婆嗎？」

講師的話讓我忽然驚覺，我對婆婆的理解，除了來自旁人的口中的話，就只有那些少許的互動，然後便擅自將婆婆定位成一個愛欺負媳婦的老古板。但是……婆婆究竟是一個什麼樣的人呢？她又是怎麼變成現在這個樣子的？

我對婆婆一無所知，又要如何去親近她、翻轉我們的關係？也難怪我打著孝順的名義將她接來同住，卻只落得她驚慌逃離的下場。在不知不覺中我讓人敬而遠之，卻從沒想過從自己改起。

這些念頭令我羞愧，也讓我第一次承認，是我錯了。越是深刻體悟到自己的錯，越是坐立難安，我於是下定決心去向婆婆道歉。

站在公婆的家門前，我全身發抖，儘管我想為之前的言行道歉，但站在門前，便會想起曾與婆婆發生過的衝突，我畢竟與婆婆交惡已久，這樣貿然找她道歉，她又會怎麼看我？會不會甩臉色給我看？會不會對我冷言以待？

想得越多，越是失去原先的勇氣。不知佇立在門前多久，我才一咬牙，按下了門鈴。

「家綺？」許是我的臉色實在太難看，加之整個人不斷發抖，所以婆婆開門看到我後，沒有像以往一樣總拉長了臉，反而驚訝地喊了我一聲。

「媽……我……我有話想跟您說。」

「先進來，進來再說。」

婆婆關懷地拉著我的手走到客廳，隨後端了一杯溫水過來，語氣溫和地問：「怎麼了？是不是發生了什麼事情？怎麼臉色這麼難看？」

關懷備至的話語讓我的眼淚立刻就落了下來，我一直覺得婆婆也討厭我，但看見我，她的第一句依舊是關心，讓我更加愧疚。

「媽，對不起，我這陣子想了很多，然後我才發現自己的不懂事，還總是傷了妳的心，我真的不曉得該怎麼表達歉意。」

我哭著跪了下來，顛三倒四地說著我的歉意、說著自己的學習、懺悔著自己的不懂事。看著我的眼淚，婆婆也跟著哭了起來，她緊緊握著我的手、專注地聽我說，本來坐在客廳的公公悄悄地走回房間，將客廳留給我

曾經的傷害已經造成，也不會憑空消失，
能改變的，只有未來。

們談心。

「我以前總在想，妳這麼嬌，要怎麼維持婚姻啊？」

婆婆哭著回我，奇妙的是，也許因為我放下了防備，不再將婆婆視為總刁難我的人，所以聽見她這番話，我並沒有被指責的感覺，反而像是聽見母親諄諄對女兒教誨的用心。

我突然明白，婆婆也是愛我的，只是她用的方式，我從來沒有接受過。因為我從以前就覺得，婆婆跟媳婦是不可能有深厚感情的，這樣的成見讓我對婆婆總多了些防備，這些，她又怎會不明白？所以她又氣又急，又擔心我的個性會讓家庭不和，於是才對我有諸多要求。

那日道過歉後，我明顯地感受到了婆婆對我的態度軟化了許多，我更是叮囑自己，不要再繼續緊抓著自己的成見不放，而是要真實地將她視為自己的母親，去陪伴她、傾聽她。

以往我將去公婆住宅一事視為洪水猛獸，不願走動，現在倒是去得勤勞，只要維安狀況比較好，我便帶著她過去陪公婆吃飯，順便幫忙做家事。持續了一段時間後，婆婆終於接受了我的改變。偶爾飯後，她會切好一盤水果，對著我回憶自己的過往。

婆婆和我的奶奶一樣，從小便被送人當童養媳，只是奶奶的父親還常常去看她，婆婆的家人卻就這麼放她一人在新家庭中適應。婆婆說，她嫁進去的家庭對她並不好，她常常早上一起來就有很多家務要做，好不容易打理好家務，早餐卻被她的婆婆倒給狗吃。

有時，婆婆總會想要回到原生家庭，傾訴自己的寂寞與委屈，然而她到了家門口，看著暖黃的燈光，卻只是暗自傷神，她不明白為什麼自己的父母從不來看她，也不明白為什麼她會被送人。

「當時啊，我連坐月子都沒有好好地被照料，娘家如果沒有帶補物來啊，我什麼都沒得吃。」婆婆說得委屈，忍不住流下了淚，我也跟著紅起眼眶。難怪婆婆一直說我命好，對比她以前的苦楚，在她眼中我的確脾氣太太、也不夠體貼。

「媽，以後我一定會好好照顧您的。我也希望您不要把我當外人，有什麼需要的，一定要跟我說！」我緊握著婆婆的手，真誠地說著。

以前的傷害，是不會消失的，已經造成錯誤的感情，不會因為幾句道歉、或多努力地修補就憑空消失，能改變的，只有未來。我想盡可能地靠近婆婆，用最大的努力對她好。

過去我從未想過我與婆婆的關係能如此融洽，然而當我懷著謙卑的心，真誠地靠近了婆婆，她也不再對我防備，溫暖地接納了我。

我也改變了對待維安的態度。

剛開始照顧她的時候，我很不服輸，總想著要讓維安跟一般孩子一樣，我認為只要她「正常」了，我就不用再陷在家庭的泥淖中，也沒有人可以拿我沒照顧好維安來指責我。

太過急迫地想讓孩子成長，反而讓我對她有過多的要求。明知維安發展就是比其他孩子還慢，身體機能也跟不上同齡的孩子，我還是架著她要跟上正常的學習模式，那怕她不會寫字、不會講話、不會算術，我還是請老師指派維安功課，然後牽著她的手寫。

現在我才終於正視現狀，不管我怎麼自以為自己正帶著維安康復，其實都只是一種自我滿足，維安是寫作業了，看起來也沒有落在其他孩子的身後，但這個執筆的人還是我，而她究竟有沒有理解這些內容，我是一概不知。

想真的靠近維安，理解維安，我就得要真的傾聽她的心聲。

一開始，真的很難，維安不會說話，也不太會表達，要怎麼才能「聽」到她的心聲呢？

所謂的溝通，不只是單純靠語言，
而是心與心的傳遞。

作為一個母親，相較他人，其實已經算是更能揣摩到維安的心情了，畢竟母女連心，我總能在她一些細微的表情中，猜到她要什麼，然而離真正地理解卻還是差得遠了。於是我更認真地觀察我和維安的互動，從她的表情、手勢去理解她。

我驚訝地發現，其實維安一直都在用自己的方式與我溝通，只是我不曾察覺。

比如維安常常身體不適，一般久病纏身的人，總容易脾氣暴躁，但維安很少有激烈的情緒，不論如何難受，她都會忍住不哭，甚至摸索出一套我們也看得懂的方式來與我們溝通。當她覺得自己的身體狀況不佳，需要去醫院時，便會用手摸著喉嚨——因為以往帶她去看醫生時，她無法很好的控制身體，如果遇到需要打開嘴巴檢查喉嚨，往往需要藉由外力協助幫她打開嘴巴，於是她會用摸喉嚨這個手勢連結看醫生這件事情。

又比如帶著她在外面走動時，如果她累了，想回家了，她便會反覆比著眼睛，表示她想睡了，又或是比著手腕，表示時間到了，該走了。維安教會我，所謂的溝通，不只是單純靠語言，而是心與心的傳遞。

有一天，維安的老師在我去接她放學時，問了我一句話：「維安媽媽，我想請問您，維安有時候在學校學到一半時，會一直捏自己的臉，您知道這是為什麼嗎？」

「那……那是之前一位治療師教我的，我告訴過維安，如果她有一些沒辦法控制自己的行為，就捏捏自己的臉頰，來提醒自己的大腦。」我心裡又驚又喜，又參雜著懊悔。

一直以來我總覺得不管怎麼教維安，她可能都不會有反應，於是告誡自己不要有期待，卻又在她無法做到時，忍不住失望。然而我今天才知道，原來維安什麼都聽進去了，她不會說，但她用行動告訴我，她一直都有在聽我說話。

我總覺得是自己在關懷、陪伴這個孩子，但維安給我的這些激勵的行為，卻像是在告訴我，她也在陪伴我學會怎麼當一個母親。

以前，我為自己有一個遲緩兒而自怨自艾，認為上天不公，然而維安其實是上天給我，最美的禮物。

我看見了她生理發展的遲緩，卻沒看見，她心靈其實十分單純。對比自己，雖然已經是一個大人，但遇到挫折時還是會怪天怪地，只要溝通不順利便會發脾氣；維安不然，她總是對著人笑，即使被我處罰了也不會和我生氣鬧情緒。

維安常住院的小兒科部，都說維安是微笑小天使。

不管多難受，她都很少哭，就連小孩子最怕的打針，也能忍住。因為長期打針，她的血管沉了下去，常常一兩天就要換地方下針，不然靜脈注射會吸收不了，然而她卻都能忍耐；以前長期嘔吐，她也不會哭鬧，總是靜靜等著我整理好隨身物品，帶她去醫院。

儘管她的心智年齡並未隨著身體而成長，然而她表現出來的體貼與溫暖，卻不下於一般的成年人。

改變對維安的看法後，讓我在陪伴她的時候，不再像以前一樣充滿焦慮，也藉著理解維安的過程，才發現自己常常都用自己的想法去揣摩他人，所有的情緒都在自導自演中起伏，然後再自顧自地感動或生氣。

這孩子教會我，我要去接納我無法改變的事情，去看到他人的優點——這個體悟，我練習了十年，才終於學會。

「家綺，妳好了沒？該過去爸媽那裡了。」看我還在廚房忙碌，丈夫問了我一聲。

「等我一下，我買了一些水梨，很甜很好吃，我想打包一些帶給爸媽。」

我總覺得是自己在關懷、陪伴孩子，
但孩子何嘗不是也在陪伴我學會怎麼當一個母親。

我笑著回應了丈夫。這幾年，自從我不再強硬地將丈夫拒於門外，對著他就是怨懟之後，我們關係緩和了不少，至少，他不會再日日不歸，將我視為洪水猛獸。

到了婆婆家，她已經備好不少料理，卻不知怎地又要往廚房鑽，我伸手把她擋了下來。

「媽，菜夠多了，怎麼還要煮啊？」

「妳看桌上的菜，基本都是葷的，妳能吃得太少啦，我多炒幾道青菜給妳吃！」

看見婆婆的急切，我輕輕一笑，然後扶住了她說：「沒事，媽，我簡單吃吃就好，別再忙啦！」

然而婆婆依舊十分堅持，我便隨著她到廚房當助理，挑著菜的時候，我看了婆婆一眼，心中滿溢著感動。不過一兩年前，婆婆還會刻意煮滿桌的葷食就為氣我，然而現在，她所有的念頭都是為我好。

現在，我早已明白是當時的自己太過急躁。學了佛，便想要立竿見影地改變自己的狀況，難免會讓他人投以異樣的眼光，認為我癡迷過頭。偏偏我對別人的評價視而不見，認為自己走在正確的道路上，還怪罪所有人都不懂我。

我還記得剛學不久，我便對先生說：「我決定往生西方極樂世界。」先生對我投以看待瘋子的眼光，搖搖頭不願與我互動，也是從那之後不久，我與他、與公婆的感情就越發生疏。

因為我只考慮到自己，也因此才會不論怎麼學習，都沒有一點成效。然而不論學佛，抑或是學習關愛教育，目的都不該是為了改變外境，而是要改變自心，讓內心越來越靈活，在遇到各種困境的時候，都可以很快地脫離負面思考。快不快樂的鑰匙，掌握在自己的手上。

我的快樂不再與他人掛勾；我的痛苦也不再為他人牽動，我有能力決定自己快樂與否，並擁抱善意，放下藩籬，毫無預設立場地走向他人。

「吃飯囉，家綺。」

婆婆端起剛起鍋的汆燙地瓜葉，微笑地呼喚我，我也笑了出來，應道：「好！」

將荊棘塵封在溫柔之下

陳瑞勳 文／廖雅雯

人生遇到的問題就像是一道道關卡，然而最好面對的辦法，是接納與關懷。

令我羞愧的，是我曾仗著母親的愛胡作非為，
甚至認為理所當然。

那天我坐在客廳沙發上滑手機，看到了一篇網路文章：「我們最大的錯誤，是把最壞的脾氣給了親愛的人，卻把耐心和寬容留給陌生人。」我心裡不由得一震，想到了我和母親。

我和母親就是這樣的，我總是不耐煩和母親講話，尤其當她鍥而不捨地對著我念叨時，我更是沒耐心。不曉得是不是所有人的母親都這麼嘮叨，但我的母親實在特別會碎念，一件小事都能翻來覆去地重複好幾次。

從吃完飯後，如果有剩菜剩飯，要立刻拿菜罩罩住，以免招惹蒼蠅，到睡前一定要巡視一遍家中門窗是否有上鎖，母親每日都會在我耳旁嘮叨，念得我頭疼。有時我忘了做，也覺得沒什麼大不了，母親卻很不高興，成天叨念：「跟你說過多少遍，怎麼就忘了罩住剩菜？這下都沾上蒼蠅了，怎麼吃啊？」

我聽了煩，口氣不自覺地變差：「那就不要吃！」

「那太浪費了！」母親皺起眉，又對著我抱怨：「你說你要是記得隨

手放上菜罩多好。」

「夠了沒！一點點小事妳是要唸多久？」

「瑞勳！」母親皺眉，「你怎麼可以這樣對媽媽說話？」

這樣說話又怎麼了？母親真的很愛小題大作，動不動就拿長輩的身分壓人，這不許、那不許的，可當你不回應她，她又嫌你沒禮貌，我撇撇嘴，起身回房間。

「好啦好啦，我知道了。」

「瑞勳——」

母親在身後叫我，只是這一次我沒再回頭。

我從來不認為這樣有什麼不對，畢竟若不當作沒聽到，母親可以再重複碎念好幾次，直到印證那句俗話：「聽到耳朵長繭。」妹妹常常叮囑我不要以這種態度對待母親，我卻總是改不掉。

說我不愛母親嗎？倒也不是，雖然生活上和母親多有齟齬，但我依舊放不下她、放不下這個家。過去我曾經為了逃離這裡，大學故意考了間南部的學校，畢業後再三思量，還是回家來了，尤其父親離世、妹妹搬家，我更不可能丟下母親一個人孤零零住在老家。

母親需要我，我也需要母親，從很久很久以前就是如此。

小時候，我和母親的感情非常好，好到妹妹時常吃醋，抱怨媽媽重男輕女、偏心我。

但我知道，母親是心疼我。

父母晚婚，母親年近四十才生下我，過了幾年，又生了我妹妹。我剛出生時還沒什麼異狀，但隨著我漸漸長大，便能明顯看出我的右手肢體有些不協調，儘管不是什麼嚴重的毛病，但多少對我的生活造成了困擾。也許是因為沒能給我一個健康的身體，讓母親深感愧疚，因此她對我也格外縱容。

像是家裡不大，除了主臥室外，就只有一個房間，可能因為我是長子，又或是源自母親想彌補我的心情，次臥順理成章給了我，妹妹從小只能和父母親擠在主臥室的大通鋪上。但就這樣，我還要與妹妹搶，十歲之前，睡覺我一定要搶在媽媽身邊的位子，枕著媽媽的手臂入睡。

那段時間，母親到哪，我就要跟到哪，上菜市場也好，做家事也好，母親走到哪裡身後都綴著一個小尾巴。我樂此不疲地跟在後頭，追著母親的影子跑。

因為母親明顯的偏心，父親因此多疼妹妹一些，這樣不同的偏愛，讓我跟妹妹不會嫉妒彼此，我們兩個感情很好，也甚少吵架，只有在母親偏心得過頭的時候，妹妹偶爾會出聲埋怨：「媽！妳為什麼對哥特別好！」

可能是多了一句「吃飽沒？」的問候，可能是生活上無微不至的照顧，母親總傾向更關照我。小時候自然是樂意被這般關愛，但隨著年歲漸長，我發現這麼多年過去，在母親眼裡，我永遠是那個右手不方便，需要她呵護的小男孩。

所謂的美不是指皮相，而是這個人的本質，
真正看到每個人內心的美好，便能拉近彼此的距離。

母親心中懷抱著對我的虧欠，讓她過於緊張，也過於保護我。右手為我帶來許多的不方便，卻也讓我銘記母親對我的愛。

為了治好我，母親帶著我四處求醫，由北到南，跑遍各大醫院，甚至為了向一位名醫求治，遠赴花蓮慈濟醫院就診。我並不喜歡看醫生，小孩子嘛，都愛玩，哪個孩子願意成天泡在充滿消毒水味的醫院？只有母親不肯放棄，耐著性子哄我、勸我，甚至與我交換條件，承諾給我買玩具，我才答應。

去花蓮慈濟醫院那次，我印象深刻，我和母親收拾了一個禮拜的行李，辦理了住院手續，打算做一個全面性的檢查。

醫院畢竟是醫院，不是旅館，一張單人病床和一張供照護者小憩的摺疊椅便是全部。母親拉起隔簾，熟練地將摺疊椅拉開，拉開後約莫有一個成人的身長，但空蕩蕩的，沒有枕頭，也沒有棉被，母親一點也不以為意，拿起貼身的包包墊在頭下，只在身上披了件外套，便直接躺下。

看著母親的模樣，我在病床上坐立難安。

母親看著我，溫柔地說道：「怎麼啦？明天還要做很多檢查，早點睡吧。」

「……妳沒有被子。」我囁嚅道。

「沒關係，媽媽不怕冷。」

「可是……」

正好護理師進來巡房，我轉頭就問：「阿姨，可不可以讓我媽媽睡床？」

護理師愣住了，有些為難地對我說：「弟弟，不是病人不可以睡床喔！」

「唉呀！瑞勳你別給護士阿姨添麻煩。」母親不好意思地起身，連聲向護理師道歉：「對不起，我兒子就是看我躺著不舒服，所以多嘴了。」

護理師笑笑地說：「哪裡，他也是體貼媽媽。」說完，叮囑我道：

「所以，弟弟要趕快好起來，媽媽就不用在醫院照顧你了。」

我不知道該怎麼辦，只好低著頭，應了聲：「好。」

握著無力的右手，我真的不知道要怎麼「好起來」。我這樣，是病嗎？那一晚我翻來覆去，看著媽媽在狹小的摺疊椅上睡不舒坦的表情，心中一片茫然。

長大後，才知道我右手不協調的症狀是腦性麻痺引起的，跟其他因為腦性麻痺而引發神經肌肉損傷嚴重的患者，我的狀態算是很不錯的，也因此成長的歲月中，我很快就將身體上的不便拋之腦後。我不願再隨母親到處就醫，更希望把時間用在電玩遊戲上，尤其國高中時期特別沉迷，一有空閒，我就坐在電視機前打電玩，誰叫都不理。

父親在家時我還會收斂一些，但一放寒暑假，我就開始肆無忌憚地玩，畢竟父親白天不在家，沒人可以管我。我玩到廢寢忘食，整個生命定格在那台小小的遊戲機中，有時母親喊我吃飯，我還會生氣，認為她打斷了我的節奏。

我再也不是母親的跟屁蟲了，進入青春期後，我就不太愛搭理母親，即使在學校受到了欺負，我也不跟母親說。我怕母親會像我國小時一樣，直接衝到同學家找家長理論。小時候覺得母親是一座靠山，令我很有安全感，大了被欺凌還找媽媽，那叫作丟臉。

現在想來，青春期那段時間，我對母親的態度很差勁，說話沒大沒小的，還會把在學校裡受的氣帶回家裡來。

知道父親和妹妹的脾氣都比較硬，所以我不敢對他們大小聲，反而一股腦地發洩在母親身上。母親越來越喊不動我，請我幫忙拖個地、洗個碗，我會嘻皮笑臉地回道：「妳自己做就好了，妳那麼胖，多做一點還可

我不希望將家人的愛看得太過理所當然，
不想總是不知珍惜、任意揮霍。

以減肥。」

父親偶然間聽到了，斥責我：「瑞動！不要再說了，媽媽叫你做什麼就做什麼。」

父親出聲制止，我就不敢再說下去，其實心裡頗有些不以為然，不過就是開個玩笑，也不是故意的，爸媽真愛大驚小怪。可能我下意識知道，母親愛我，無論我怎麼對她都可以。我仗著母親對我的愛胡作非為，現在想來非常羞愧。

但我做錯的還不只這些，我氣性越來越大，情緒管控越發糟糕，母親雖然疼愛我，卻不會一味地容忍我，有次我在打電動，母親叫了我好幾次，我都沒理會。這樣的情況已經不是第一次，母親管不動我，累積了不少的怒氣，一時之間竟失去了理性，衝到我面前，抓起地上的電玩主機便狠摔出去。

我傻住了，完全無法思考，當下大叫道：「妳在幹嘛！」

母親摔了主機後，反倒冷靜下來：「這下子可以聽我說話了嗎？」

「說什麼！妳還要說什麼！妳看妳都幹了什麼好事！」我氣得雙眼發紅，大口喘氣，我好不容易才打到那麼高的等級，眼看就要過關了，都被母親毀了！我口不擇言，「都是妳害的，妳要怎麼賠我？」

「賠什麼？」母親皺眉，「瑞勳，你成天只知道打電動，什麼事都不做，這樣不好，從今天起別再玩了。」

我根本聽不進去母親的話，「妳少管我！」

「我是你媽，我就管得了你！」

「是我媽了不起啊？就能摔我的東西？」

「你、你怎麼這樣說話！」

母親氣急攻心，舉起手就想打我，我抬手擋了一下，一點也不過腦子，反射性地往前甩，「啪」地一聲，打到了母親的臉。我們同時都愣住了，我不可思議地看著打了母親的手，下一秒，慌亂地轉身就跑。

「你、你、你！別跑，給我站住！」母親從後追了上來，還是慢了一步，我已經回到房間鎖上了門。

「瑞動！開門！你開門。」

母親用力敲打著門板，一下下像拍打著門內的我，我跳了起來，迅速躲到床上，薄弱的門板不斷晃動著，母親擰動著喇叭銅鎖，卻怎麼也擰不開。我一語不發，屈膝將臉埋在雙腿之間，雙手發抖，心跳得飛快。

我怎麼可以、怎麼可以對媽媽動手……

我唾棄自己，但沒有勇氣打開門面對母親。

後來我還是開了門，接受母親的懲罰，但這件事在我們母子倆的心裡都留下了疙瘩，如同一道傷口，即使癒合了還是會留下醜陋的疤痕。

那幾天，我都不敢直視家人的目光，我怕母親會將我的醜惡宣揚出去，另一方面，我也懷抱著濃重的罪惡感，無法承受這樣的自己。我不是故意的，然而事實上，我依舊犯了錯。

我厭惡自己，更害怕被人知道我曾如此對待母親。

然而母親似乎沒向父親提起。父親看我的眼神和平常沒什麼兩樣，這令我鬆了一口氣，我就是這麼一個懦弱的人，只敢在母親面前逞威風。我安分了好一陣子，很快又故態復萌，時不時頂撞母親，母親管教不了我，最後只好威脅要打電話報警。

我嗤之以鼻，又不是三歲小孩了，還來「警察叔叔會把壞小孩抓去關」那套？我覺得我對母親的不屑就是由此而來，母親的一言一行在我看來，都太過落伍，老是說些不切實際的話，我自以為比母親厲害，所以總是和母親對著幹，做得過火了，才來懊悔。

比起幼稚的我，妹妹成熟多了，她很少像我一樣頂撞母親，也會在我太過放肆時跳出來制止我：「哥，停下來，不要再繼續說下去。」

看著表情嚴肅的妹妹，我就像被潑了一盆冷水，雖然內心仍有一股悶氣，但我從來不敢招惹個性強悍的妹妹，於是原本恣意對待母親的態度，真正的改變，必須先跳脫眼前狹隘的視角。
探索每件事情背後的意義，以及對方隱藏的真心。

也會稍微收斂一些。

或許我真是一個長不大的孩子吧，即使年齡增長，開始懂得關心家裡，又往往拿捏不好尺寸。拿家用金來說，父親是建築工人，收入其實不太穩定，有工作時才會拿錢回家，但也曾連續好幾個月都沒有給母親家用金。生活捉襟見肘，母親難免會叨念幾句，父親聽著來氣，便會和母親吵起來。

「爸！你憑什麼這麼說媽？」我見狀，擋在母親身前，對父親說：「本來就是你的不對。」

每當我為母親說話，父親總會沉默，我卻不懂得適可而止，反而咄咄逼人：「明明就是你的錯，你的口氣還這麼差，爸，你這樣真的不好……」

「哥，我覺得你這樣說爸也不太好。」

妹妹打斷我，語帶警告，我才悻悻然地住口。我的初衷只是想維護母親，可我的方式卻讓這份好意變了調。而這樣與人互動的方式，不只對家人造成了困擾，也在我與他人有互動的時候，容易因為心直口快，而造成許多的誤會。

在家中，家人能夠包容我，外人卻不會。求學期間，與同學發生齟齬，我只要避開幾天就好，但出社會後，我避無可避。儘管本業是電腦工程師，環境單純且封閉，但與人溝通的技能依舊重要，然而我要不就是沉默異常，不然就是過於不假修飾。

考量職涯發展，若希望能夠有晉升的機會，溝通技巧依舊是必不可少的，為了更加精進自己，同時也渴望擴大交友圈，認識更多人，便在朋友的介紹下，參加了佛法課程班。一方面多學一門學識，也可以在與一同學習的同儕互動中，練習怎麼與人相處。

第一次進到教室，黑板上寫著兩個大大的字——理路。這是什麼意思？為什麼上佛法課需要強調這兩個字？還沒來得及想清楚，便迎來每週不停的「消文」——即是消化文字，弄懂經典的意思。不像我過去求學只要專心聽老師講課就好，在這裡，我們更要自己找出答案。為了理解佛法的內涵，我們被分成一個個小組，每週都要查找許多資料，試著理解經文的涵義，再與組員討論後，發表自己的想法和意見，而且還沒有一個標準答案！

我雖然不覺得這樣的討論很困難，但也無法從中找到樂趣，佛學課程漸漸對我來說可有可無，我開始推託、遲到、想到才去上課，還曾經晚到整整一個小時。班長秀珠不因此責怪我，笑笑地說：「我相信你下次一定會準時。」

這樣的信賴來得莫名其妙，我和秀珠也不怎麼熟悉，她怎麼能夠這麼斬釘截鐵地相信我？而且秀珠在我心中的形象其實有點奇怪，因為她第一次見面時，問我的第一句話，就是：「你覺得我美不美？」

我在內心碎念：「明明都五十歲的人了，怎麼還這麼在意外貌？」然後對著秀珠陪笑臉。

奇怪的班長、無聊的課程、可有可無的學習，一再加深了我不想學習的心，然而每到了要上課的那天，一有蹺課的念頭，心裡就會不自覺地浮現秀珠無條件的信任。

「我如果不去上課，豈不是會讓班長失望？」

想到秀珠那張笑咪咪的臉，我就不好意思蹺課或遲到，於是每次時間到了，我便會不由自主地收拾起東西，驅車前往教室。漸漸的，倘若我有空，就會提早到教室去整理環境，等待同學的到來，我開始期待每週的課程，越學越有興趣。

同學們很常在課堂上分享自己的生命故事，讓我看到很多人生中的問

我覺得母親不瞭解我，那是因為我把心封閉了，
但不妨礙母親對我全然的付出和關懷。

題，都能在佛法裡得到回應，這些道理既能用在學法，也能用在生活。

我原來是個不太能夠同理他人的人，換句話說，我比較活在自己的世界，然而隨著一日日的學，一日日練習在課堂中講述自己觀察到的他人的優點，這些道理終於漸漸滲入了我的心。

當我越發明白佛法中的智慧，我開始忘卻初始學佛的目的，不再以功利心來上課，而是因為學習能改變我的想法、我的急躁。

我也明白了第一次見面時秀珠話中的深意，她所說的美，並不是指表象的美，而是「內在的美」，內心的真誠表現於外在的氣質，那就是美。她的問句提醒了我，所謂的美不是單指皮相，而是這個人的本質。學會不受外貌的影響，真正看到每個人內心的良善與美好，便能拉近人與人之間的距離。

我感到自己的心慢慢平靜下來，能夠更冷靜地觀察身邊的人，反思自己的舉動。那時候，我突然發現，我從來只煩惱自己的問題，而忽視了與

他人的互動，就算想要學習跟人溝通，也是為了自己。然而我從沒能好好處理自己和同事、甚至是和家人的關係。

對同事，只要保持有禮的態度，問題其實不大；然而對於最親密的家人，我似乎總沒學會怎麼與他們互動，老是惹得他們嘆氣、傷心——是不是因為我把家人的愛看得太過理所當然，所以不知珍惜，任意揮霍。

尤其對母親，這麼多年我都以一種高高在上的姿態，嫌棄母親的不合時宜。然而學佛這麼久，我怎麼一點也沒改變？怎麼始終不曾去思考，母親為什麼會有那些我不喜的舉動？為什麼我會因為一點小事這麼氣憤？

和母親之間最大的歧異，或許是在於，我總是看到許多母親身上我並不認同的行為。

我尤其不喜歡母親個性雞婆、多管閒事的一面，見到路邊有人在乞討，母親會掏出身上所有的零錢；鄰居主婦患有小兒麻痺，上頂樓曬衣服時母親都會主動上前幫忙；居住的國宅電梯設備老舊，每個住戶都不在意，就我母親發公文給政府申請更換。

很多事情可以獨善其身，她偏偏喜歡跳下去攪混水，然而現在多想一些，這根本不是雞婆，而是一種熱心，一種同理心的展現。

為了想近距離學習母親的熱心，我於是邀請母親和我一起參與班上舉辦的活動，自己也身體力行報名許多義工的工作。

母親跟我上過幾次的研討班後，便因為腿腳不便，去了幾次之後就不想再去了，這就罷了，她反而開始對我假日去做義工的事有些怨言。

「你只知道幫助別人，卻不會幫忙家裡。」

母親對著我抱怨，眉頭深深皺起。我只認為母親在無理取鬧，做義工是多麼有意義的一件事，怎麼還要怪我？而且我哪沒幫忙家裡？工作之後，我不但負擔家用，還幫家裡還了外債，現在也懂事許多，會幫母親做家事，只是母親不夠滿意。

在我看來，我變了，母親卻沒變，就算我耐著性子和母親溝通，母親也聽不進去，老是一意孤行，讓我煩惱。

像是衣服，我早已過而立之年，穿衣品味跟以前大相逕庭，母親卻老是經過菜市場時便會買來給我，甚至買回來的尺寸永遠大一號，款式還老氣，我根本穿不出門。

我覺得浪費，便想著勸母親：「媽，可不可以不要再買了？這種款式我不會穿，我如果需要，我會自己去買。」

「要不然你喜歡什麼樣子的，你跟我講，我去買。」

「真的不用，妳再怎麼買，也都是從菜市場買的便宜貨，那種我不喜歡。」

「菜市場買的有什麼不好？」母親不服氣，「衣服品質也不差，幹嘛

不管我曾多麼地惡劣，做了多少傷害母親的事，
她也一次又一次地原諒我，只有母親，會無怨無悔地陪伴。

買貴的？」

「總之，妳不要買就對了！」屢勸不聽，我的脾氣就上來了，「下次再買，我就丟掉！」說完，甩頭就走，留下不知所措的母親。

「瑞勳，欸、瑞勳——」

事後，我後悔不該對母親這麼兇，便找了機會向母親道歉。

「媽，對不起，我說話的口氣很不好。」

母親搖搖頭，語重心長地說：「你說你學佛，有進步，我怎麼感覺你還是跟以前一樣？」

我慚愧地低下頭，我知道我還不夠好，雖然我真心認知到自己的錯誤，可我也是真的苦惱，為什麼無法和母親有效溝通？同樣的一句話，如果是妹妹說的，母親就聽得進去，可為什麼我的要求，母親都當作耳邊風？究竟是我的不對，還是母親也要負一些責任？

我不知道該怎麼面對，只好像是鴕鳥一般，把臉埋起來，當作沒看

到，似乎以為這樣就沒了問題。我甚至天真地想，我和母親的相處模式也沒什麼不好。我已經越來越能夠控制自己的情緒，雖然偶爾還是會和母親吵嘴，但我會誠心反省，也會向母親道歉，家人之間，哪有百分百的和樂？我和母親這樣的關係也是很正常的吧。

我於是個把精力投注在課堂，甚至報名了另外一個以人際關係為主題的課程：關愛教育。

第一個學期，我始終無法投入，課程提到的口訣：不要對立、要接納、要謙卑、要發現、要陪伴和等待、不要當強者、要求助，確實朗朗上口，但這幾句口訣彷彿在半空中飄浮著，怎麼也落不著地。

怎麼和人相處還有這麼多該注意的要點？我不知道該怎麼落實，只覺得學得頭昏腦脹。但我不服輸，在課堂講師春昭上課時，聽得更認真，卻始終覺得不得其門而入，只能懵懵懂懂地照著練習，卻不知道自己做對還是做錯？

最後，我只得把問題拿出來請教春昭。她是一個十分擅於傾聽的人，不只教我們什麼是關愛教育，更鼓勵我們說出自己生活上的問題，直接找出問題的所在，並引導我們思考。

我常常跟春昭分享我的日常瑣事，除了講煩惱，更是希望聽聽她的看法，知道自己是否可以做的更好。

「老師，您不知道，我媽煮了一碗麵給我，但那麵條煮得太爛了，一點口感也沒有，整碗麵糊在一起，真的很難吃。」

我十分苦惱地搔了搔頭，接著道：「我和媽媽反應，她還生氣。有什麼好生氣的？該生氣的難道不是我嗎？說了不只一次兩次，她就不能改善？」春昭老師一聽，卻面容嚴肅地看著我。

「瑞勳，我認為你的想法不對。」

「啊？」

「麵條軟爛，難道就不能吃了嗎？」

「可、可以啊，但是……」

「既然可以吃，那你為什麼還總是抱怨呢？」春昭老師微笑地看著我，「這難道不是媽媽為了你特地煮的麵嗎？而且，你有沒有想過，麵條煮得那麼軟，是不是因為媽媽牙齒不太好，所以習慣吃那個軟度？」

春昭老師問得我啞口無言，是啊！為什麼我從來沒看到母親的付出，只看得到那一碗麵？

「你想想看，媽媽為什麼要為你煮麵？」

「因為……我說我餓了。」

那天下班回家已經很晚了，母親見我還沒吃晚餐，匆忙地進廚房下麵，沒多久就端出一碗熱騰騰的麵，還幫我拿了筷匙，催促我快吃。

那麵湯裡只飄著幾根青菜、放了顆蛋，沒什麼油脭，麵條還吸滿了水，坨在一起，看起來就不怎麼好吃，但我實在是餓了，囫圇吃麵的同時還不忘埋怨：「媽，妳怎麼又把麵煮得這麼爛？像是放了幾個小時，一點

堵不如疏，如果回回都強壓自己的情緒，不願意去面對，
累積久了，總有一天會爆炸的。

也不像是現煮的。」

母親問我：「分量夠嗎？要不要再幫你添一碗。」

「不用。」我繼續挑刺，「又不好吃，填個肚子就好了。」

母親只是坐在一旁，笑笑地看著我把麵吃完，完全不反駁我。

現在想來，母親已經七十多歲，年紀那麼大了，卻還是關心我、照顧我。她辛苦下廚為我煮麵，不過是麵條口感差了一些，我到底有什麼好挑剔的？

我記得曾在一個營隊中聽過真如老師分享過一個故事，老師說，她的奶奶為她做了一道菜，但忘了放鹽，因此那道菜沒滋沒味。但怕奶奶知道了愧疚，她吃光了那盤菜，還一個勁地稱讚好吃。

老師明明已經告訴過我該怎麼做了，我卻聽過就算，沒有往心裡去。

我的世界，真的太過狹窄了。

我以為我學了佛、參加許多活動、樂於做義工活動，便已經開拓了自

己的視野，卻不知自己依然只看得到眼前的一畝三分地，從來未曾去探索每件事背後的意義。

春昭指引我看到了母親的慈愛，以及那份始終為兒女著想的殷切、那些我視而不見，不知感恩的點點滴滴。

那時，我終於明白，為什麼師長一直強調，學習關愛教育要身體力行，否則只是流於形式罷了。

應該要以自己的生命，去同理別人的生命，才能走進另一個人的心，並且傳遞關愛之情。我做不到，但母親做到了，我覺得母親不瞭解我，那是因為我把心封閉了，但不妨礙母親對我全然的付出和關懷。

我好像終於重新認識了母親。

妹妹長大後，不方便和父母親同睡，因此她都是睡在客廳沙發。大學住宿舍，回家次數不多，等畢業一找到工作，妹妹很快就搬了出去，前幾年父親過世，這家裡，竟只剩下我和母親兩人。

儘管妹妹偶爾會回來探望母親，可大多時間和母親相處的人，是我。我沒有一刻這麼清楚地認知到，我和母親，是關係最緊密的人。

回到家，我立刻向母親道歉：「媽，對不起。」

對不起的是煮麵的那件事，還是其他什麼，我也說不清，只是內心滿是對母親的歉意，讓我不由自主地便想向母親說聲對不起。

母親被我沒頭沒尾的歉意搞懵了，問：「你做了什麼？為什麼要跟我說對不起？」

「沒什麼啦。」

母親奇怪地看了我一眼，「老是說對不起，我都聽過多少次了，你真的做錯要改才行。」

雖然不曉得發生什麼事，但不妨礙母親趁機叨念我幾句。以前母親這麼說話時，我都會有點不服氣，總會想反駁母親，明明我的歉意是真實的，妳怎麼都看不出我的改變？然而這一次，我的心情平靜無波，因為從過去到現在，不管我有多麼地惡劣，做了多少傷害母親的事，她也選擇一次又一次地原諒我，儘管嘴上總是叨念，但何嘗不是一直在等待我變得更好的那天？

只有母親，會願意這樣等待，而無怨無悔。

「我會的。」我承諾道。

說歸說，一時之間，我也不知道該怎麼做，另一方面，我更覺得我對關愛教育的理解還不夠透徹。我於是開始做「觀功念恩」的練習，試著在

只要別人想法和我不一樣，我就會悶悶不樂，
但我的苦不一定是別人的苦，唯有拋棄成見，才能看懂他人。

紙上寫下互動對象的優點以及值得我感謝的地方，身邊很多同學寫完了，看人的角度也變了，可是不知怎地，我寫了，卻不曾改變我內心依舊不滿的情緒。

我到底該怎麼辦？

「你要細心觀察媽媽，體會她的言語和行為。」春昭這麼對我說，「你要瞭解她的思想和做法。」不是要求母親有所改變才能真正同理她，而是打從一開始就要同理她的全部。

那麼，母親究竟又是怎麼樣的人呢？

我開始靜靜地觀察日夜與我相處的母親，這一凝視，我才發現母親老了，她的頭髮不曉得從哪一天起，已是一片花白，曾經挺直的背脊，微微佝僂，走路速度也慢了下來，常常抱怨膝蓋痛。

當我認真地看著母親時，才發現她已不再是我印象中的模樣。

明明每天都能見到母親活力四射地打理家務事的模樣，她忙進忙出的身影依舊如同我孩提時代一般熟悉，但怎麼一眨眼，她突然變了那麼多？這麼一想，我十分慚愧。不，不是她變了，只是我從來沒有用心看。

我想起母親愛念我假日總往外跑，不幫忙家裡——母親這句話，是不是就是在傳達她的需要？她年紀大了，累了，希望我能多幫她分擔，而我，卻花了那麼久的時間，才聽懂這句話。

我慢慢地推掉了一些活動，想要多陪陪母親。一開始，看到我假日在家，母親還很疑惑。

「你今天怎麼沒出去做義工？」

害羞的我不想直接說理由，便隨意答道：「就不想去。」並馬上轉移話題，「有什麼事需要我幫忙？」

「你沒事就打掃一下家裡，我要出去買菜。」

母親沒多追究，反而高興地交代，看著她的笑，我愣愣地回道：

「好。」

母親出門後我才想到，我應該要陪她一起出門，於是傳了訊息給母親：「回來的時候提前告訴我一聲，我幫妳提菜。」

我也是提前為母親打預防針，我很討厭母親在菜市場買了太多的食材，提不動就在門口大呼小叫喊我的名字，讓我去開門，我不介意幫忙做事，但受不了母親喊得全公寓都聽得到，那讓我感覺……很丟臉。

我忙著自己的事，一下子就忘記了時間的流逝，不知道過了多久，我聽見大門處傳來母親的聲音：「瑞勳！瑞勳！快來幫媽媽開門。」

剎那間，一股怒不可遏的情緒再次從心中升起。

為什麼！為什麼她就是講不聽，為什麼又不先給我打電話，非到了門口，才高聲吶喊，要我立即去開門？

手上的事做到一半被打斷，真的令人很不舒服！

察覺到自己的情緒不對勁，我深深吸了一口氣，告訴自己，不要生氣，不要想太多，不要一開始就跟母親對立。

我先是應了一句：「來了。」阻止母親繼續呼叫，而後打開了大門。

看到我鬱悶的表情，母親忽然憶起我的叮嚀，無措地說：「不好意思，媽媽又忘了，是不是打擾你了？」

「沒有，沒打擾。」看著母親提著大包小包，卻害怕惹我生氣的樣子，我心裡一緊，放緩語調和母親閒聊：「怎麼又買那麼多菜？我們兩個人吃得完嗎？」

接過母親手中的購物袋，下沉的提帶瞬間緊緊地勒住我的手指，這麼沉重，母親怎麼提得動？兩手滿滿的重量，她怎麼能空出手拿出手機來，傳訊息給我呢？

「吃得完！媽媽還買了你喜歡的菜，晚上做給你吃……」我的溫和反應，母親馬上就感受到了，興高采烈地與我分享今日採購成果。

我走在母親身後，關上了門。

人生遇到的問題就像是一道道關卡，
然而最好面對的辦法，是接納與關懷。

「好，謝謝媽媽。」

儘管成功地壓抑了一次發作，我卻不覺得我已經改過了。太難了！要扭轉自己的本性真是太難了！可能我有一點強迫症吧，我每一件事都需要經過安排，力求井然有序，一旦中途被打斷，我就會抓狂，所以我很適合程式工程師這個工作，代碼整齊排列的樣子，令我心情舒坦。

這回我是強行將我的不悅壓了下去，但堵不如疏，哪能回回都強壓？累積久了，總有一天會爆炸的。

我想，就像我寫程式一樣，每一行的程式碼，都有因果關係，上一行連接到這一行，這一行連接到下一行，我的情緒也是一樣，總有個原因，讓我把母親叫我這件事，連結到負面的想法，導致我的反彈。

這個原因是什麼？我反覆地思考，拆解整件事的前因後果。

不知怎地，我想到很久以前和一位國中同學的相處，當時我去他家玩，他電動打得興起，全神貫注，根本沒時間裡我，許是等得無聊，我衝動地衝上前關掉他的遊戲機。

後來的下場，是我被迎面打了一拳。也許是這個印象，讓我害怕「中斷」這件事，似乎只要有事情中斷，便會發生什麼不好的事情。也導致了後來當母親中斷我做事時，我會有劇烈的反應——因為我害怕招致厄運。

想明白這件事情，讓我知道自己情緒流向，也比較能克制自己的脾氣。而這樣子理性梳理、並套用理路到生活情境中的做法，讓我更不會被情緒左右。

那天，母親又從菜市場買了件外套給我，興沖沖地說：「瑞勳，我幫你買了件新外套，我跟你說，你這段時間出門一定要穿這件，別再穿那些黑漆漆的衣服。」

母親手上的那件外套顏色鮮亮，和我的穿衣風格不搭，要是過去，我連甩都不甩，然而這次我試著不讓情緒主宰，心平氣和地問母親：「為什麼一定要穿這件啊？」

「唉呀，我跟你說，那天我看群組訊息說什麼，這幾個月不能穿黑的，否則會遇到不好的事，我想說菜市場買一件外套也不貴，就買了。」聊天群組的訊息完全沒有科學根據，反而是種迷信，母親卻用這個荒謬的理由想要說服我。我有些無奈，卻還是先接下了這件外套。

「不要和媽媽對立。」我在心裡想。

「不對立，要接納」，關愛教育的口訣對我十分受用，對立並不會解決事情。我太在乎自己的意見，只要別人想法和我不一樣，我就會悶悶不樂，但我的苦不一定是別人的苦，唯有拋棄我那小小的成見，才能看懂他人背後真正的苦樂。

我打開衣櫃，想將這件衣服掛入衣櫃中，竟發現我衣櫃裡一整排的深色衣服，而母親買的亮色外套夾雜在其中，就像是黑夜裡的一道光。

儘管我依舊認為相信聊天群組傳來的訊息有些可笑，但卻也從中看到了母親對我的愛。我自己都沒注意到，我所有的衣服都是黑灰色系，一件亮色也沒有，但母親觀察到了，即使是一個不可信的訊息，卻為了我好，急急忙忙地去買衣服。

這一切，只希望我能平安上下班。

為了安母親的心，我外出上班會刻意穿上她買的亮色外套，母親果然很滿意，送我出門時臉都笑瞇瞇的。

同事也覺得新奇，擦身而過的時候都會多看我一眼，聊上幾句。我笑了笑，內心十分溫暖。

儘管，我依舊還不太會轉心，總還是需要一點時間才能克制自己，但慢慢地、我已慢慢地開始改變。

這條對母親付出關愛、改變自己的路很長遠，
但未來，我會持續地走下去。

我的生命像是在印證關關難過「觀關」過。先是觀察的「觀」，才是關心的「關」；又或者說，先是觀功念恩的「觀」，才是關愛教育的「關」。

人生遇到的問題就像是一道道關卡，有些人選擇硬闖，弄得兩敗俱傷，有些人則選擇逃避，落得黯然神傷。遇了事或許可以如此，但遇了人，尤其是生命中重要的人，硬闖和逃避都不是好方法。最好的方法是懂得接納和關懷，我和母親就是如此。

原先我激烈反抗母親，用言行讓母親擔憂，於是她也總揪著一件事，成天碎念；然而當我變得柔軟，她漸漸少用命令式的語氣和我說話。人與人的相處，真的就是互相的，當我豎立起尖刺，母親當然會硬梆梆地回

應，我用不著強硬地要母親遵守我的規則，其實只要言語柔軟，多順從母親一些，兩人的關係就會好轉。

我更開始習慣在日常中發現母親那些值得銘記的亮點，母親善良和勤奮的表現無處不在，而她強大同理心和包容心更讓我欽佩不已。她幾乎不說人壞話，即使遇到了不平之事，也會先為對方著想，但她也不會將錯誤攬在自己身上，她是一個樂觀積極的人，優點數也數不清。

為了向母親表達我的愛，我開始頻繁地回覆母親的訊息，不再已讀不回，透過文字說話增加了我的勇氣，讓我能夠自在地對母親說：「謝謝媽媽。」、「媽媽您辛苦了。」這些當著面令我害羞的話。

我們漸漸有商有量，不論是生活的小事，還是買房搬家的大事，我們會傾聽彼此的意見，討論出共識。有時還是會有爭執，我還是會認為我的想法是為了母親好，會企圖說服母親，但母親一露出「我不想再聽了」的表情，我會立刻閉上嘴巴，讓一觸即發的氣氛瞬間歸於平靜。

我越發成熟的表現，讓母親學會了放下，不再因為沒有給我一個健全的身體，就堅持要背負著我走一輩子。母親辛苦了那麼久，都是為了長不大的我。

無形中，我武裝的盔甲被瓦解，稜角被軟化，我能感受到愛，也能對他人付出愛了。這條對母親付出關愛、改變自己的路很長遠，但未來，我會持續地走下去。

築一條與你同行的長路

關愛對象本就不可能一下子改變，必須盼花開、等花開，即使這個花開時節我們可能看不到。

吳明纓 文／蔡鋶芳

每個房子都有一扇門，每個人的心也都有一扇門。
那扇門，是我們能否走向彼此的關鍵。

每個房子都有一扇門，每個人心裡也有一扇門。

然而不知從何時開始，打開家門，卻感覺不到家的存在，觸目所及只有冰冷的家具；而家人的心門，更是鎖得死死的，一點也不讓人窺探。我越是努力，越是將他們推得更遠。

尤其兒子晏弘，曾經他像是綴在我後頭的尾巴，走到哪跟到哪，總抱著我的小腿，撒嬌著要我別出門，卻沒想到，才數十年的光陰，他已不再回頭，成了斷了線的風箏，無根地在外漂泊，最後甚至音訊難尋。

這是晏弘失聯的第三個月，他不願意接我們的電話、不願意回我們的留言，唯有透過相識朋友的隻言片語，才知道晏弘在異國他鄉過著什麼樣的生活。朋友說，晏弘過得不太好，讓我憂心忡忡。

最終我與丈夫按捺不住擔憂的心，胡亂地收拾了些行李，便搭上飛機，想著去見晏弘一面。

「沒事的，我們一起面對。」

丈夫輕聲地安慰我，但我也聽得出他話語中的不確定，我們同樣不曉得，該怎麼面對晏弘，更不曉得，見了面能改變什麼？

站在晏弘的門前，我舉起手來，卻始終猶豫，不知道該不該敲門。對峙了許久，我終於鼓起勇氣按下門鈴。

鈴聲一聲又一聲地響起，大門依舊緊閉，我分辨不出來究竟晏弘是不在家，還是他不願意出來應門。既然都已經出了國，總不能無功而返，我與丈夫當即決定在走廊等待他回來。

我不記得等了多久，只記得那天天氣很熱，但心卻好冷。直到我們幾乎要放棄的時候，遠端傳來了有些拖沓的腳步聲。抬起頭一看，在漸暗的天色中朝我們走來的，正是許久未見的晏弘。

他穿著深藍色的運動套裝，頭髮有些凌亂，手上還提著白色的購物袋，看見我們的時候，他停下了向前的腳步，與我們遠遠相望。當他再次邁開步伐，向我們走近時，那雙直直盯著我們的雙眼中，沒有任何的喜悅，只有悲傷，以及不敢置信。

那瞬間，我的心中也充滿難以言喻的悲涼——沒想到母子一場，最後竟相對無言。我不知道自己到底做錯了什麼，三十幾年來，我想盡各種辦法要理解他，卻只是一次次加深我們之間的隔閡，我想走入他的心門，卻反而一次次疊起傷害，讓我們之間的城牆越發高聳。

「爸、媽……」

沉默良久，晏弘才輕輕地喚了我們一聲，隨即便轉開了視線。儘管他還是讓我們進屋了，但不過十分鐘，便要趕我們回去。我知道這時候，說什麼話，都是那麼蒼白無力。

離開他租處前，我輕輕握著他的手，對他說：「兒子，你要記得你是有媽媽的孩子，你是有家的孩子，真的累了，想回家就回來吧。」

他點點頭，把手抽回，然後關上了門。

我是很多人眼裡典型的女強人——性格強勢、個性獨立、主張強烈，有時甚至有些獨裁。

從小的生活經驗讓我知道，如果我不學著自立自強，那麼只會吃上許多苦頭，尤其當有一對忙到無法照顧孩子的父母，以及兩位毫無責任感的兄長時，我便更加努力想要成長。我必須保護自己、保護弟妹。

我也曾經想要得到父母的關愛，想要做個無憂無慮的孩子，什麼都不需要煩惱，但隨著一次又一次的失望，我才明白，靠山山倒，靠人人跑，凡事還是得靠自己。

記得有一回，奶奶跟母親帶我去附近吃喜酒，我非常開心，畢竟家境一向窮困，很難得能吃到一頓豐盛的料理，而吃喜酒既能肆無忌憚地大

缺乏陪伴、缺乏關心的放任，
其實是種不作為。

吃，還能打包沒吃完的菜色回家，怎能不令人欣喜。

也許是情緒太過高昂，回家的路上，我不知怎地與長輩們走散了。其實不過離家三十分鐘的路程，可我看著前方的岔路，卻感到十分迷茫。老師教過，如果迷路了千萬不要亂跑，要待在原地等家人來找，我便一步也不敢多走，只伸長著脖子四處觀望。

杵在路中間，從站到腳痠而蹲下、到最後受不了而坐下，始終沒人來找我。我心裡慌得很，覺得不能再坐以待斃，於是選了條路便向前走去，左拐右彎地跑著，始終沒找到熟悉的道路，倒是在路邊看到一家警察局。

「警察伯伯，我迷路了。」

「妳還記得自己家裡的地址嗎？」

那位警察了蹲下來，關切地看著我，然而他的問題卻讓我腦袋一空，我什麼也不記得、什麼也想不起來，急得我額頭直冒汗。警察於是讓我坐在一旁的椅子上等，看有沒有人上門找小孩。

讓人失望的是，依舊沒人來。看著太陽漸漸西斜，我越來越著急，想回家的念頭也越來越強烈，於是從椅子上跳了下來，故作鎮定地說：「我好像記起來了，我知道怎麼走了！」

其實我哪記得呢，只是害怕回不了家的情緒驅使著我，讓我不願意停留。婉拒了警察陪我回家的好意，我在田埂中繼續奔跑，不知跑了多久，才僥倖地回到家。奶奶躺在藤椅上，悠閒地搧著扇子，而廚房正傳來香氣，似是母親正在烹煮晚餐。

當下我竟說不出任何話來，只是突然意識到，似乎沒人在意，有一個孩子沒回家。

「妳回來啦。」

奶奶舉起扇子朝我打招呼，也不等我回話，劈哩啪啦地又開口道：「剛剛回來看妳不在，我還叫妳媽去找妳，不過她說不用找啦，妳自己會回來，真是被她說中了！」

我心中酸澀，只是悶悶地點點頭，便走進房間啜泣，我終於明白，在這個家裡，沒有人可以依靠。我下定決心不再軟弱，將自己武裝起來，堅強地長大，也開始習慣凡事衝在前線，決不服輸。

時間久了，我竟不曉得，究竟是環境造就我成為一個堅強的人，抑或是我本性便很勇敢。我只知道，我必須如此，我不堅強，誰要為我堅強？我不勇敢，誰要為我勇敢？

成為獨立而堅強的人是有好處的，至少讓我在工作時備受賞識，也不容易因他人的話語而受傷，但也讓我忘了如何示弱、忘了自己也有柔軟的一面，就連結婚、組織新的家庭，也複製了自己原生家庭的生活模式，用強勢的個性主宰生活中的大小事。

我常笑說，和我結婚並不是得到一個妻子，而是又多了一位母親。這也造就了我與丈夫注定沒有甜蜜期，該是新婚燕爾之際，我們便常常吵架，為日後的生活，埋下許多苦因。

有一首童謠是這樣唱的：「我的家庭真可愛，整潔美滿又安康……」小時候我常暗自哼唱這首歌，自憐自艾地問著，為什麼我沒有這樣的家庭？我特別期待自己結婚後能組織一個幸福美滿的家，我想要一個沒有吵鬧，也不用擔心家裡有一頓、沒一頓，能夠快樂生活的家庭。

然而結婚後，我卻與丈夫產生極大的分歧，就連生了孩子，也沒能讓我們放下衝突、齊心教養，反而因為養育方式不同而導致爭執日增。

丈夫從小被呵護著長大，想做什麼便去做什麼，自由自在，因此他覺得孩子不需要過多管束，讓他自由摸索便是；我則自小嚴謹，尤其兩個哥哥備受溺愛而不負責任的模樣依舊歷歷在目，於是我對孩子的要求極為嚴格，只要沒達到，動輒就是一頓罵。丈夫氣極，卻又拿我沒轍，只能在我

我對孩子的期待，看似是一種愛，
卻只是藉噓寒問暖的名義，去要求他。

跟孩子中間不斷妥協。

儘管標準嚴苛，但我不曾要求他學業頂尖，也不強求他要多才多藝，我心中自有一把尺，只期望他不要做壞事，能有好的品格、良善的心腸，成為一個對社會有用的人。

至於怎樣才能成為一個對社會有用的人？怎樣能把孩子教導成我心中那個很棒的大人？又該怎樣才能成為一個理想的母親？我沒有一點頭緒。

我的母親沒有教過我，我的前方也沒有任何依循的標準，又怎麼會知道怎麼樣才能教好孩子呢？我只能自己幻想，然後一步步地將孩子推離我的身邊。

晏弘小時候，我對他很嚴厲，從幾點要返家，到杯子怎麼放、鞋子怎麼換都有詳細的規定，而那陣子，顧著賺錢養家，生活忙得團團轉的我十分沒耐心，只要晏弘有一點點不如我意，便會大發雷霆。

有一回，我帶著一身疲憊離開公司，踩了一天的高跟鞋讓我腳底發疼，但我不敢停下腳步，因為我記得我要求晏弘三點要到家，身為一位母親，也得以身作則。

打開門，我的眉頭漸漸皺了起來，家裡仍是空無一人。我知道晏弘早已放學，卻不曉得他怎麼沒有直接回來，但畢竟我跟他約的時間還沒到，我便耐著性子又等了一下。

到了三點，晏弘依舊不見人影，當時我敏感的神經便被挑動。我認為遵守約定是一個人最基礎的道德原則，這麼簡單的一件事，晏弘居然沒有達到，這讓我極為憤怒，拿起手機便開始找人。

一次沒接，就打第二次、第三次，等到晏弘接起電話，我直接破口大罵：「你在哪？沒回家，也不接電話！現在是長大了翅膀硬了是不是！」

「啊？我在朋友家啊，怎麼了嗎？」

「還問怎麼了？怎麼了你自己不清楚嗎？我平常怎麼教你的！連做錯了都不承認。你現在給我立刻回來！」

「啊？可……」

聽見他要辯解，我更加憤怒：「沒有什麼可不可是的！立刻回來！」

說完，我不由分說地掛了電話。晏弘回來時，表情很委屈：「到底怎麼了？我做錯了什麼？不是說三點半再到家就好嗎？為什麼三點的時候就開始生氣？」

正要發飆的我，聽見他的問話一愣，這才意識到，是我記錯了時間。記錯時間就算了，我還歇斯底里地對晏弘大吼，也難怪他會覺得委屈。

看我僵在原地，一句話也說不出口的模樣，晏弘的眼裡流露出失望，隨後繞過我走回了房間。而這不是我唯一一次因為記錯而責備晏弘，一開始他還會想要解釋，後來，他便漸漸沉默、不再反抗了。

那時候我還不覺得自己有錯，也不覺得我有任何不足。我讓他衣食無虞，也沒在學業上壓迫他，只注重他的品格，甚至他有任何想做的事情都絕無二話地支持他，這樣的管教，難道不對嗎？我儘管嚴厲，這輩子，卻只動手打過他一次。

而那次，還是因為他為了買電腦而欺騙我。當時我們約定好，只要他期中考能夠有好成績，我就買電腦當成給他的獎勵。於是他很認真地關在房間苦讀，拿回來的成績單上各科的成績也都很高，我不疑有他，立刻兌現我們的承諾。

然而不久之後，他的班導師卻打電話給我。

「晏弘媽媽，最近晏弘在家還好嗎？我看他成績一直倒退，想提醒您還是要盯著晏弘一些。」

導師的話讓我心裡一驚，我趕緊追問：「成績倒退？怎麼會！上次他拿回來的成績單各科看起來都進步很多啊。」

「這不可能……」導師遲疑了半晌，才繼續說，「晏弘上課幾乎都沒在聽，考試也都隨便寫，成績比之前退步非常多。」

我跟著沉默了一會，但很快就知道是怎麼回事：「我會再跟晏弘聊一

以前我端著一個母親的架子，強迫孩子聽我的，
然而學習後我開始示弱，練習讓他知道，不成熟的我的愛。

聊，謝謝您。」

晏弘拿回來的一定是他不知從哪兒自己印下來的假成績單。我很生氣，但我想起之前憤怒時只得到他沉默的回應，為了不讓對話淪為我單方面的暴怒，於是我努力不讓憤怒主宰情緒，儘量平靜地思考要怎麼處理這件事情。

晏弘從學校回來的時候，我坐在沙發上與他對望，像是知道我要說什麼似的，他嘆了口氣，走到了我面前。

「我問你，你為什麼要做這種事？你明明知道我唯一希望的，就是你成為一個正直的人，你現在卻為了買電腦而騙人，這樣真的讓我很難過！」

劈哩趴啦地講了一堆話，既分析了這件事情的不應該，又談到了我的情緒，然而不曉得晏弘是因為害怕，抑或是認為辯解也沒有用，任我怎麼問、怎麼說，晏弘始終沉默以對，只是直直地盯著我，連一句「我錯了」

都不說。

我很期待他願意服軟，願意好好說出自己的想法，但晏弘始終不發一語，最後我失去了耐性，拿起放在一旁的棍子打了他一頓。

我不曉得我們之間到底出了什麼問題，更找不到一個方法，讓自己成為心目中那個理想的母親。

自從晏弘成績單造假事件後，我對他更加放任，或許是因為我認為嚴厲的管教已經不管用了、又或許其實我已經對他失望透頂。我想著，他既然不愛讀書，也不願意努力，那就算了吧。我不在意他成績的好壞，只要他能夠誠實就好。

因為沒讀書，晏弘去到了一間不怎麼要求成績的高中，在裡面被分進了放牛班，然而他卻越來越不快樂。這讓我真的不知道該如何是好，嚴厲的管教他不喜歡，放他自由摸索了，還是跌跌撞撞。

那時候的我沒想過，這種放任，其實只是一種不作為。我沒有陪伴他、也沒有關心他，儘管看見了晏弘的不快樂，卻始終袖手旁觀，不明白原來他需要幫忙。

成績不好、與同儕疏離、被老師打上問題學生的標籤……受不了的晏弘選擇休學。當時我內心充滿了迷惘，不曉得是否該放任他的生命繼續橫衝直撞，但看著他堅決的眼神，我還是放手讓他飛。

休學工作了兩三個月，晏弘又撐不下去，語氣疲憊地對我說：「我決定停下來，再回到學校去。」然而從離開學校、找工作到現在早已經過一年，要回去適應學校的節奏又談何容易。

最後，他跟我說，他要去國外念書。

我知道他是受了朋友的兒子的影響，那孩子在國外讀書讀得很開心，也常在社群媒體分享自己去哪裡遊歷、認識了什麼朋友，晏弘或許覺得離開臺灣，就可以得到一個新的生活，可以逃離現在的庸庸碌碌。

「你真的想去？你知道，媽媽還要賺錢，沒有辦法陪你去留學。」

「沒關係，我可以自己照顧自己。媽，我真的想要到國外學習。」

「如果你決定好了，就去吧！錢的部分，你不用擔心。」

在那瞬間，我心裡湧起了一種解脫的感覺。這幾年來，不斷陪著他四處尋找生命的方向，早已讓我焦頭爛額，我對自己能成為一位好母親失去了信心，也對晏弘失去了耐性。我以為這會帶來解脫，然而沒想到，他去了國外後，才是考驗的開始。

晏弘到了國外後，卻開始失聯。社群媒體不回、電話不接，我常常傳訊息給他，他卻總是冷淡以對，有時候甚至兩三個月才回一次訊息。

後來想來，才發覺晏弘已經表現出許多需要被關心的跡象，但我卻始終視而不見，一廂情願地安慰自己，這是正常的。畢竟晏弘在臺灣時，回

關愛對象本就不可能一下子改變，必須盼花開、等花開，
即使這個花開時節我們可能看不到。

到家就把自己鎖在房間內，幾乎不出來與其他人互動。有句閩南語的俗話說：「鴨蛋雖密也有縫。」但晏弘卻一點縫隙也沒有。

晏弘讀完書後，回來臺灣找了一個我覺得還不錯的工作，頗受主管賞識。起初我感到慶幸。然而他每天回來，總帶著一臉疲倦，我知道他個性一直都很細膩敏感，因此在職場上光是要處理人際互動的問題，便耗費他大量的精力。他不願意接受我們的關心，我只能暗自祈禱，等晏弘熟悉了環境，一切便會好轉。

「我離職了。」

在收入優渥的公司工作了幾年後，某天回來，他難得坐在沙發上等我，卻是表情陰鬱地對我投下震撼彈。

「為什麼？怎麼這麼突然？」

之前我們曾就要不要離職這件事情討論過，當時我只讓他想清楚，不要衝動行事，然而才過幾天，怎麼他就提離職了？

「我今天跟同事吵架，實在受不了了！」

「可是……」我欲言又止，最後只是嘆了口氣，「你既然已經決定好了，那媽媽都會支持你的。」

我認為事成定局，加上晏弘也不是會聽我建議的人，最後只能沉默地支持他。

後來，他只草草交代，便突然地出國工作，那一去，他與我們之間的連結徹底斷裂。不知從何時開始，他連一條訊息、一個電話也不願意回應，我聯絡不到他，也不知道他的近況。像是他求學時代的重演，只是這次，他一句話也不說了。

後來是透過朋友，才輾轉得知他的消息，聽聞他過得不太好，我終究按捺不住，與丈夫飛過去看望他。我們去了整整一個禮拜，最後見面的時間，卻連一小時也湊不滿。

究竟是哪裡出了問題？為什麼我們母子會走到這個地步？我拉拔晏弘

長大、給他一個不愁吃穿的家、讓他順應自己的心意去飛。我本以為，不論他飛得多遠，終究還是會回到家裡。

可他長大了，卻走上了一條無法控制、寂寞的道路。他大步地遠離我們，彷彿他從來都不是這個家的一員，只是個路過的無依旅人。我們母子二人，竟生分至此。

那陣子，我陷入了很深的憂鬱。

以前我常去學校當大愛媽媽說故事、陪伴許多輟學的孩子走過他們的低潮，我用盡心力關懷別人的孩子，為什麼自己的孩子，我反而沒有半點關照到呢？

我知道我錯了，但是，我究竟錯在哪？我不知道該埋怨誰，也不曉得該從何改變，因此我選擇對世界沉默。有將近兩年的時間，我停下了手上的工作，也幾乎不去當義工，只想用這些的時間，沉澱自己、明白自己。

直到有一年過年期間，我在門口遇到了一位和善的婦女，我才開始模糊地見到一絲希望。當時，她正在發傳單，因為與她對到了眼，我於是笑了笑，走上前拿走了一張。傳單在宣傳佛學課程，上頭大大地寫著：幸福十堂課。

幸福，這兩個字立刻映入我的眼簾。

渴望幸福的我，就這麼開始學習起佛法，並且進一步開始學習、投入關愛教育課程。我記得第一堂課，講師劈頭便問了我們一句話：「你想不想要有一個快樂的人生？想不想要一個美好的家庭？」

當時，我心裡只覺得著急，這世上有人不想要快樂的人生與美好的家庭嗎？我都想要！但是，到底要怎麼做？

講師不疾不徐地回答：「想要達成這樣的生活，就必須要建立良好的

原來當自己開始改變了，
所有曾覺得堅若磐石的困難，也會開始鬆動。

人際關係。」

一開始聽見這席話，我心裡十分不以為然，我自問一直都努力跟孩子建立良好的人際關係，這輩子也才忍無可忍地打過他一次而已，他想做什麼我都放手讓他去嘗試，而這樣不也讓孩子離我越來越遠嗎？如果我已經容忍成這樣了，依舊沒辦法建立良好的關係，那麼是否也表示，我幾乎不可能有一個快樂的人生呢？

但我別無選擇，我深陷在無助的大海裡，關愛教育是我唯一能緊抓的那根浮木，一旦放掉，或許我再也找不到上岸的方法。

正式進入課程以後，每一步，我都走得很痛苦——要真實地面對自己、知道自己多年來的愚痴，就像是被捲進颶風之中，在裡頭翻來覆去，震撼異常。

第一課的主題，是要我們別跟他人對立。

我認為的對立，是吵架、打架、彼此厭惡、憎恨，然而講師對我說，即使只是嫉妒、冷戰、彼此埋怨、對他人有所要求，都會造成對立。

當時，我悚然一驚，如果這麼說的話，那我豈不是從孩子小時候就在跟他對立、不斷製造衝突嗎？

「為什麼不能對孩子有所期待呢？我期待他成為一個好人、成為一個跟我一樣無愧於心的大人，難道錯了嗎？」

我迷惘地詢問，講師沒有反駁我，反而順著我的話說：「是啊，成為跟妳一樣優秀的人似乎也是一個好選擇，但他不能青出於藍嗎？不能比妳優秀嗎？」

那瞬間，我竟一句話也說不出來。一直以來，我都期待晏弘照我希望的樣子成長，要他準時、負責任、誠實，只要他看起來不是我想要的樣子，我便失望異常。這樣的情緒加諸到晏弘身上，讓他漸漸不敢靠近我，更築起了一道高高的城牆，將所有人關在外面。

我一直以為，這樣的期待是一種對孩子的愛，然而這份愛，只是藉噓寒問暖的名義，去要求他。我看似放任，但我圖的是清淨；我在意孩子的表現，只是希望他能夠乖乖聽話。

所以晏弘很怕關心的話語。記得從國中開始，他常常繃著一張臉對我們，回家便立即躲進房間，完全不跟我們交流，想跟他講些什麼，他也總是冷淡地回我：「沒有啊。」、「不知道。」、「再說啦！」

連問他是不是要吃飯，他都可能會拒絕。我覺得自己已經仁至義盡，飯也煮了、問也問了，願不願意吃，就不是我能控制的。可這樣的表現，對晏弘而言，其實是十分冷漠的，於是他更加保持與我的距離，我們之間那道城牆越築越高，他不願意理解我，我也不曾接納他。

有一堂課，講師要我們寫下自己想關懷對象的十個優點，我看著那張白紙，只覺腦中一片茫然。我一個都寫不出來，心中更是浮現：「像這樣的孩子有甚麼優點可言？」

「沒辦法在課堂上完成也沒關係。」講師對我們溫柔地笑了笑，「大家把紙拿回家吧，花點時間，好好地思考、努力地想一想，或許你一時間沒能看見那個人的亮點，但其實很多亮點都是在細微之處展現的。」

我於是多要了一張紙，決定跟丈夫一起思考晏弘的優點，自從晏弘逃離家中之後，我與丈夫就不再為了要怎麼教養孩子而吵架了，作為父母，我們只希望這個孩子在有困難的時候，能想到自己身後還有一個家可以依靠，能夠回來讓我們給予一個擁抱。

「我們花半個小時來寫寫看吧，我想一定有很多我沒看見的事情。」我請丈夫與我一同練習，他沒有表達反對，慢慢地在我身邊坐下。

拿起筆，想著晏弘，我的腦海想起的，都是他無情、決絕、一點也不顧念父母的身影。不管怎麼用力地想，我就是想不出晏弘的優點。轉頭一看，丈夫正毫無遲疑地奮筆疾書。

不過幾分鐘的時間，他便寫好了十個優點，我偷偷湊過去，上頭寫著：善良、孝順、慈悲、智慧、勇敢、勤勉……那瞬間，我只覺得憤怒。

那怕金雕玉砌，屋子裡如果沒有人與人的互動，
沒有心與心的傳遞，也不過是冷冰冰的四堵牆。

我不明白丈夫怎麼會這麼寫，什麼孝順、智慧，這些特質明明就跟晏弘一點關係都沒有啊！如果他有這些優點，又怎會讓我們這麼痛苦？

這麼想完的下一刻，我哭了出來，丈夫非常驚慌，連忙拿著衛生紙遞給我，關懷地問：「怎麼了？怎麼突然哭了？」

「晏弘這個孩子，是從我肚子生出來的，我還撫養了他三十幾年，但從我眼睛看出去，這孩子竟然一無是處！我沒辦法原諒自己，我到底怎麼了……」

我突然理解，原來作為一個母親，自己從沒有及格過。我以為自己一直都在學習，努力要把「母親」這門學分修好，然而直到這一刻我才發現，這門課，我從沒有真正踏進去，因為我從不知道怎麼愛孩子，甚至，我愛自己比愛孩子多。

現在想來，晏弘對我們的疏離，其實早有徵兆。他出生之際，正是我與丈夫吵得最兇的時候，當時為了籌備婚禮，我們借了不少錢，於是婚後總為了錢而汲汲營營，甚至不斷吵架。

而在晏弘年幼的時候，便看著我對丈夫大吼大叫，甚至狂怒、摔東西的模樣，或許他很害怕這樣歇斯底里的母親，於是只好扮演一個溫順、不敢提任何要求的乖孩子，以免觸動我敏感的神經。

長大了，便順理成章地對我避而遠之。他之所以選擇離開家庭，到異國他鄉生活，或許也是為了離開這個壓抑的環境，試著到一個陌生的地方尋求快樂，尋求一個不會與母親衝突的世界。

提出關愛教育的真如老師曾經說過，我們學習關愛教育，不只是單純想要關心一個人而已。所謂的「關」，指的是關注對方現在與未來生命的方向；「愛」，等同於慈悲，陪伴對方跨越生命所有的困難。

這麼多年，我從沒真正做到。什麼關愛、什麼教育，都化為要求，逐步壓垮了晏弘。我又想起國中時的晏弘，那時我總想著：「我都放手讓他摸索了，為什麼他還是這麼不快樂？」可是我就只是這樣想著而已，卻從沒有實際關懷晏弘的狀況、也不曾陪伴他走過生命的難關。

我撒手讓他在成長的過程裡跌跌撞撞，於是他走著、跑著，最後走出了這個家門，不願意再回來。

我不想讓晏弘這輩子都為了逃避我，而逃離自己的家、逃去一個他也不會快樂的地方，於是我開始改變自己的態度，我先看到了自己一直以來與晏弘對立、充滿要求的心態，然後在每一次的溝通中試著改變自己講話的方式、口氣。

剛開始是很不順的，晏弘本就不想接我的電話，我又會壓不住自己的心直口快，然而幾次之後，我開始學會止住自己。

「晏弘，你在那邊累了，不如就回來吧。」

「我暫時還不想回去。」

晏弘語氣決絕，原本想反駁的我想起了那些不斷累積的衝突，於是又止住了話語，深吸一口氣對他說：「晏弘，你給媽媽三分鐘好嗎？媽媽可能需要休息一下、想一下。因為我怕我說錯話，大家又不愉快，你讓媽媽想想看好嗎？」

如果繼續下去，我可能直接用言語粗暴地反擊、要求甚至攻擊晏弘，我不想如此，因此請求晏弘給我一些思考的時間。這是一種示弱的姿態，讓晏弘知道，我其實也還在學習、努力。

以前我總認為自己是無敵鐵金剛，是那個生他、養他、讓他長大的那個偉大的母親，因此總端著一個架子，不知道怎麼回應便強迫晏弘聽我的，然而學了關愛教育後，我開始練習示弱，練習讓他知道，雖然我不成

儘管多年的冷漠在我們之間築起一道高牆，
然而每天每天的努力，讓我開始能真正看見他、接納他。

熟，但我真心的希望能夠讓他知道我的愛。

第一次，彼此都十分不習慣，晏弘甚至拒絕接我的電話，我怎麼嘗試練習在晏弘身上運用學到的關愛教育，得到的都是滿滿挫敗。

「老師，我真的很努力了，真的在內心有著想要關愛對方的心，為什麼他還是對我很冷淡？為什麼？」

我很沮喪，對著講師訴說我的煩惱，她聽了後笑了一下，對我說：

「妳啊，老虎掛念珠。」

「啊？」

「妳傳遞的那些關愛，其實潛台詞希望他聽妳的話對吧？這是一種偽裝啊，妳想要的是他變成妳心目中的樣子，還是真正的利益他？當妳的想法是真正的只想要關懷他，想要饒益他，而非想要改變他，不管他有沒有改變，依舊愛他，那才是真正的關愛啊。」

講師一番話，說得我極為羞愧。真如老師早就提醒過我們，關懷對象本就不可能一下子就改變，只能盼花開、等花開，即使那個花開時刻，我們可能根本看不到也沒關係。難道這輩子看不到關愛對象的改變，就能不去關愛他了嗎？更何況，學習關愛教育，不是為了改變他人，而是要改變自己。

我於是不斷練習調整自己的心緒，一再地提醒自己，不要用要求的心態去對話，隨著這樣的互動越來越頻繁，晏弘也終於開始放下自己的戒心，知道我不會再脫口說出一些傷人的話語，也明白我不是為了要強迫他做些什麼而關心他，開始偶爾會分享自己的生活。

這也讓我發現，原來當自己開始改變了，所有曾覺得堅如磐石的困難，也會開始鬆動。以前我粗暴地對待晏弘，於是他回報我的，也是負面的逃避；現在我努力表達著我的愛，晏弘也開始對我釋出善意。

除了練習給予晏弘真正的愛，我也練習跟晏弘道歉。

為了不曾顧慮他而亂發脾氣道歉、為了過往無理取鬧的要求道歉、為了從沒有好好關心他而道歉、為了這麼晚才開始改變而道歉。

「媽，我也……一直很對不起妳，我知道妳跟爸……都很擔心我。」

聽著我哭著道歉的聲音，晏弘低聲地回應著我，透過電話，他的聲音有些含糊，卻讓我哭得更兇。

我終於懂得，丈夫為什麼會說晏弘是一個體貼、孝順的孩子。

這段日子，我很努力地想要靠近晏弘，晏弘也很努力想要回應我，然而更多的時候，電話那頭傳來的，是他的不知所措。

「我真的壓力很大，媽，妳知道嗎，我也很想回去，但我沒有準備好，我不敢，也不知道該怎麼辦。」

晏弘的聲音突然大了起來，充斥著壓力與無措。我想了想，語氣輕緩地回他：「我知道你不是故意成為我的孩子，我也不是故意當你的母親，但我希望這輩子，在我嚥下這輩子最後一口氣之前，可以跟你圓滿今生的緣分。」

他愣了好幾秒，原先急促的呼吸漸漸平復下來，然後對我說：「媽，妳真的改變了很多。」

「我想告訴你的是，不管怎麼樣，爸爸媽媽都會陪伴你，不管你成為什麼樣子，你都是我的孩子。你知道嗎，爸爸媽媽都很愛你。」

晏弘沉默了一會，才緩緩說道：「我知道。」

短短三個字，卻是這麼多年來，晏弘對我這個不及格的母親莫大的認同。我花了大半輩子，才終於開始學習怎麼當好一個母親。

我依舊陪伴著晏弘，告訴他我的愛、告訴他我看見了他的努力，看見了他的不容易。

有一天，電話裡他突然對我說：「媽，我決定回家了。」

儘管過程充滿痛苦，
但這個給我逆境的人，同時也成就了我。

當下我一愣，心頭感慨萬千，忍不住紅了眼眶。我曾以為，給他片瓦遮身、讓他衣食無虞，就能為孩子建構一個幸福美滿的家。後來我才曉得，哪怕是金雕玉砌，屋子裡如果沒有人與人的互動、沒有心與心的傳遞，那也不過是冷冰冰的四堵牆，不能稱之為家。

可偏偏在晏弘成長的這些年間，我都沒有想要用心跟他相處，不斷在我們之間修築一道不斷疊高的城牆，逼得他逃離了我、逃離這個我自以為美滿的家。

我很慶幸，藉由關愛教育，我能夠意識到自己的錯誤，並試著彌補多年來總是對晏弘冷漠與對立的傷害。我與他之間的高牆已經太高了，誰也無法一夕間就把它推倒，但我每一天都在努力把一塊一塊爭執的磚頭搬走，學習真實地看見他、接納他、明白他的需要和痛苦。

講師曾說過，晏弘是我的貴人。當時我十分不以為意，我覺得貴人是幫助我們的人，然而晏弘給了我的生命這麼大的逆境，又怎會是我的貴人？直到不停思維，才明白這個給我逆境的人，其實也同時成就了我——正因為有那些痛苦，我才會想要改變自己，也才有機會讓晏弘漸漸跟著我改變。

可以說，我是被學習推著不斷向前，隨著真的明白怎麼盼望、等待重新與晏弘建立情感的連結，我不再著急地想要看到結果，也不再用我所想的模樣來期待他改變，而是安靜地聆聽、配合，學會看到每個人的生命都是一本厚厚的書，得要謙卑閱讀，才有機會讀懂對方。

從看見因自己的期待而產生的對立，到開始練習拆下這道對立的城牆，我開始學會接納一個與我完全不同的生命，謙卑地看見他人的生命也有屬於自己的難點，更有屬於自己的亮點。所有的期待與要求，在這段路途中化成陪伴與等待。

這個過程，我好像是在放下，卻得到更多。以往晏弘房間的門，總是閉得緊緊的，一點縫隙都沒有。可是隨著我向他真誠以對，他也開始用善意回應我，儘管晏弘還是習慣窩在房間裡，但不知從何時開始，他的房門不再緊鎖，而是露出了一條微弱的縫，漸漸的，那道縫變得越來越大，或許這也代表了他的心終於願意一點一點朝我敞開。我們的家，開始變得溫暖，彼此的心門也不再緊鎖。這棟冷冰冰的建築物，在彼此的努力下，成為了真正的家。

晏弘雖然回到了臺灣，可是我對他這條關愛的路，才剛剛起步，那是一條沒有盡頭的路。

即使這多少還是讓我有些焦慮，但我已不再絕望。以前晏弘每次抉擇生命方向的時候，我都選擇袖手旁觀；然而這一次，我不會重蹈覆轍，我會站在他的身旁，陪伴晏弘築構一條屬於自己的康莊大道。

就算這條路上等待我們的是再多的難關，我也會與他一起走過。

國家圖書館出版品預行編目(CIP)資料

築一條與你同行的長路／福智文化編輯室作. －初版. －臺北市：福智文化股份有限公司，2022.05
面；　公分. －（亮點；7）

ISBN 978-626-95909-0-2（平裝）

1.CST: 生命教育 2.CST: 通俗作品

528.59　　111004947

築一條與你同行的長路

亮點 007

作　　者　福智文化編輯室
責任編輯　蔡毓芳
文字協力　洪駿錫、黃育上、廖雅雯、蔡毓芳
美術設計　賀四英
排　　版　游淑萍
印　　刷　富喬印刷事業股份有限公司
特別感謝　吳麗娟、林玉仙、施青岑、陳淑娥、廖春昭

出 版 者　福智文化股份有限公司
地　　址　105407臺北市松山區八德路三段212號9樓
電　　話　(02) 2577-0637
客服Email　serve@bwpublish.com
總 經 銷　時報文化出版企業股份有限公司
地　　址　333019桃園市龜山區萬壽路二段351號
電　　話　(02)23066600 轉 2111
出版日期　2022年5月　初版一刷
定　　價　新台幣 320 元
I S B N　978-626-95909-0-2